無臉雌雄

／一個自殺者遺族的積極想像

杜秀娟——著

謹將本書獻給Judy, Lucy, Yin, Joyce, Stephan和Swift

目錄

目錄

推薦序

跨越時空的祝福與安慰

鄭玉英

秀娟繼第一本《一百零一個活下來的理由——如何與自殺情結共處》之後，又出版了第二本關於自殺者遺族的著作。從二十年前十二歲兒子自殺當時撕心裂肺的哀慟母親，走到自殺者遺族研究的專家學者。我作為秀娟的讀者和多年好友，這生命歷程讓我至為心疼而欽佩。

很少有一本書能夠同時融合了想像文學的優美流動和理論架構的擲地鏗鏘，這本書做到了！

本書前後兩部分以截然不同文體寫成，卻緊密銜接無縫接軌，是為一絕。七個「關卡」——「惡事現前」；「天問」；「失序的宇宙」；「在魚肚腹的生活」；「縫隙中的掙扎」；「新的秩序」與「最後一哩路」的真實經驗描述，呼應著哀傷歷程的階段和層次。作者從伊麗莎白・庫伯勒—羅絲（Elisabeth Kubler-Ross）的失落五階段；到科林・莫瑞・帕克斯（Colin Murray Parker）的哀悼層面觀，又談到悲傷治療師威廉・沃登（William Worden）的四個哀悼任務：接受失落的現實，處理哀傷的痛苦，適應逝者離去後的世界，還有在開始新生活之後，找到與逝者的持續連結。其中最後一個任務「持續連結」在本書當中有其突顯的地位。

喪親之後，有兩條軌道同時在進行：一方面處理失落哀傷，一方面重建新生活，在兩軌之間來回往返是必須的過程。然而在遺族與亡者的關係上，一方面要接受死亡帶來的永遠隔離，而另一方面又要持續連結，這一個多麼弔詭的理論，本書作者卻在敘述中展現無遺。

不要忘了，秀娟是劇場老手，戲劇演出、心理劇，角色扮演都是理論兼實務的專家。在本書前半的閱讀中，一邊聽著一位母親遺族的泣血敘說，一方面聽到那十二歲男孩的回應，一聲「馬麻」的稱呼帶出童稚心聲與孩童對媽媽的愛。隨著篇章推進，有意思的是，這孩童彷彿也在漸漸長大，愈發成熟。隨著時間的進展，提出許多有啟發性的發問，也展現超越性的哲言智語。這當然是作者自身一人飾演兩角，隨著哀傷與重建的歷程往前推進。這讓我想起伊曼紐．史威登堡（Emanuel Swedenborg）所著描述其親身經驗的《天堂與地獄》一書中所述，孩童死去到了天堂，在成為天使之前，以逝去時的年歲在天使保母的照顧養育中，繼續長大直到青少年期。孩童死去之後，仍在成長，而且是在天堂的光明與美好中，不沾邪惡地長出良善的智能與智慧。

如何與亡者「連結」？這是一個很有爭議性的主題。有太多好奇、吸引力和禁忌，然而在繼續連結的理論之後，作者以鋪陳的神話空間、劇場氛圍和榮格的理論，讓這一切成為可能而實踐了。亡者已矣，死亡不可逆轉，遺族必須放下卻也必須連結，才能完整地走出哀悼歷程。「他活在我心中」是這矛盾現象最白話和實際的說法。自殺卻使這矛盾推向極限，因為自殺比其他死亡方式更不好說、更想遺忘；卻又因其太突然、太無解而太難以釋懷。在這企圖遺忘與揮之不去之間，折磨著多少遺族的心神與夢境。

秀娟以獨白與對話的劇場風貌進行了「積極想像」，是一個在遺族母親與自殺愛兒的「放下」與「連結」中走出轉化的實例，對其他自殺者遺族也提出一個典範。作者以親身經驗和寫作，說明了榮格的「積極想像」是意識與潛意識之間的溝通——像是作夢一般，既非線性也不邏輯，任由幻想自發帶領，對潛意識開放，同時保有意識的觀點。這是母親哀悼與重生，也是靈魂的淨化。

自殺者遺族是孤單的、容易遭受各種污名化，非常值得一個文明社會付出關心和尊重。自殺者遺族的痛苦也應該不再是單獨消受，而要有機會可以與同樣遭遇的人聯繫共鳴，相互陪伴，尋求意義，以重獲新生。

我也是自殺者遺族，家姐在醫院結束自己的生命已經是五十年前的往事。

歲月飛逝，大姐你可安好？我彷彿也聽到自小與我同床共眠、在基隆港都常常帶我去看電影的姐姐，跨越時空的祝福與安慰之聲！

寫於懷仁全人發展中心

推薦序

無臉雌雄 捭闔無窮

方俊凱

十二！二十！

十二歲！二十年！

猶太的智者說：生有時、死有時！

哭有時、笑有時！

中國的智者說：捭闔者，道之大化，說之變也。

捭，長生，為「陽」，曰「始」。

闔，死亡，為「陰」，曰「終」。

存在，一直是有始有終，但終究是無始無終的。
母親與兒子的對話，不會因為或生、或死而有始、有終。

積極想像，也許是為了消極平靜！
煉金術，也許是為了與貧窮共存！

到底怎麼想才好？對於自殺？自殺防治？自殺者遺族？
每個人都會有自己的真實，
每個人都會有自己的神話。

秀娟的二十年，兒子的十二歲，不停對話的三十二年。
已經不再進我診間，選擇離開人世的他們，我們也不停對話了二十多年！

生命總是在「開」與「關」之間。
在「開」「關」之間，無窮無盡！
無臉雌雄的母子之間，「愛」，無窮無盡。

無臉雌雄

第一部

未曾存在的神話

1 開場白

這是一則自殺者遺族的神話。自殺者遺族在此是指自殺者死亡之後，被遺留在世的一群人。世人對遺族的想像是蒙羞的、傷痛的、血（淚）流不止的、陰暗的、沒有名字的；若不是排斥其存在，也會予以忽視。這個失落幾乎殺死我，但我活了下來。因為從地獄走了好幾圈回來，對於生與死路徑有某種程度的熟悉，希望透過這個書寫，打開自己的歷程，讓人們看見一個遺族的生命與轉變，也期待能打破社會對遺族的單一理解。

若您讀過我的第一本書《一百零一個活下來的理由：如何面對自殺情

結》，您會知道我的兒子在二十年前自殺，那時他十二歲。一開始，我覺得自己從人間的寶座上掉落，成為透明的浮游生物，載沉載浮，與世界隔閡，我不知如何回到人世間，那種在泡泡裡被隔絕的感覺，延宕許久才逐漸散去。這當中我失落了活著的意義，得一直不斷地重建自己。順著因緣我到英國，在中央演講和戲劇學院（Central School of Speech and Drama）進修戲劇治療，有系統地研讀榮格，也開始與榮格取向分析師進行一周一次的心理治療。接著到科爾切斯特（Colchester）艾塞克斯大學的精神分析研究中心（Centre for Psychoanalytic Studies, University of Essex）進行博士研究，主要以榮格分析心理學的「情結」（complex）理論來詮釋遺族的歷程。

本書不全然是哀傷敘事，不全然是失落整合，不全然是創傷復原。而是用生來看死，也用死來看生。因為深感自殺者與其遺族密切的關係，所以用自殺者來凝視遺族，用遺族來面對自殺者。

感謝時間，過了二十年，我能用「神話」的角度看待這個經驗。用神話來作為這個倖存歷程的隱喻，沒有要美化、異化、或神聖化這個歷程，而是由於神話、隱喻與象徵提供了一個載體，一個承載創傷的容器。它讓我能夠更深入消化這個失落，提供一個內心深處的對話空間。這是我和死去兒子靈魂相遇的空間，也是每個遺族面對自殺者的真情告白，更是自殺者與遺族共同行走的一段旅程。

狄米特與帕瑟芬

在諸多神話中，我發現用狄米特與帕瑟芬（Demeter and Persephone）來詮釋遺族的歷程是適合的。

希臘神話中，狄米特是掌管大地和豐收的女神，她給予大地生機，看顧著穀物和地土的豐收，成了農業的保護神，同時她也主掌著生與死的循環。

有一天，美麗的女兒帕瑟芬和一群朋友在山谷中玩耍，正當要蹲下摘花時，腳下的地表突然裂開，冥神騎著黑馬出現，一把將帕瑟芬攫住帶入地底下，她來不及求救，就消失了。

狄米特焦急萬分，連著幾天幾夜不吃不喝，四處尋找女兒的下落。她極度悲傷，走遍全地想找回女兒；她一直哭一直哭，走盡天涯海角也毫無所獲。

失去愛女的狄米特，與諸神斷絕所有的關係，很長一段時間不吃不喝不洗澡，無法恢復日常功能。她更不管農事，無限期停工，農作失敗，樹木不結果子，動物相繼餓死，大地被荒廢了。飢荒遍滿全地，導致人們不再祭祀眾神。

狄米特化裝成老太婆來到了一個國家，國王和王后就收留了她，並讓她作兒子的保母。狄米特十分喜歡其中一個孩子，就用瓊漿給他擦身，夜間還將他放置在火上燒烤，想讓他獲得永生。但計畫意外被發現，過程中斷且失敗了。

狄米特的自我放逐，造成人間的失序，神國也開始驚慌。後來得知是冥神綁架了自己的女兒，狄米特要求宙斯出面協調，但因女兒已經吃下冥神給的六顆石榴籽，只能回到人間六個月，另外半年她得在地府做冥神的配偶。重獲愛女的狄米特，開心地綻放光芒，地土開始豐產；而女兒不在身邊的那半年，她無心農作，任憑地土乾旱，直到如今。

關於書寫的體例與結構

這個歷程的結構有七個關卡——「惡事現前」；「天問」；「失序的宇宙」；「在魚肚腹的生活」；「縫隙中的掙扎」；「新的秩序」；「最後一哩路」。當自殺發生的當下，遺族的反應往往是震驚、無法置信，為何悲劇降臨（惡事現前），接著經歷強烈混亂的情緒，最常問的是「為什麼」——為什麼自殺？為什麼發生在我身上？（天問）。混亂的情緒之後是混亂的生活，再也回不到過去，回復不了自殺發生之前的一切（失序的宇宙），遺族感覺到被死者遺棄、被世界遺棄、也自己遺棄自己，他們只能躲起來，面對不了陽光（在魚肚腹的生活）。自殺在遺族生命中造成重大的斷裂，在初期大量的哀傷過後，等著他們的是無止境的生死掙扎，在被自殺焚身之後，生活不再是一件容易的事（縫隙中的掙扎）。在失去死者的世界中，要能夠重建結構活下來需要勇氣與恩典，因為可能再度失敗，而如何活下去成為終生面對的使命（新的秩序）。通常能走到這一步的遺族知道其實自己沒有選擇——她只能選擇繼續往前走，直到生命的終了；而且她不能模仿自殺者的路徑，她必須回到人間重新開始（最後一哩路）。

這是很艱難的任務，也充滿挑戰。與一般平鋪直敘的故事不同，這是一段「雙重書寫」的過程——一開始我就帶著「乘載」（container）與「旅程」（journey）的意象來看待這段失落，思想如何讓神話結構帶著遺族從黑洞裡面往外走。我從二十年後的現在往回走，深入經驗的真實，回到自殺現場，重新經歷如實的痛苦，把一切交給隱喻的空間，然後慢慢走回二十年後的現在。所以亡者的角色因著歷程的進展而有所變化，他是小孩、死者的亡靈、面對自己自殺的人、對死亡／自殺另有所感的理念化身、陪伴生者的亡靈，到成為遺族的內在正向客體。身為遺族的母親也有類似的質變，時有濃稠的哀傷情緒，時有明晰的清澈眼光，時有同為天涯淪落人的肯認，時有井水不犯河水的界線歸究。

迴異第一部分關於經驗的直覺、情感、幻想、流動與多元，第二部分是關於遺族的相關理論，偏向論述、理智、概念、抽象與分析。希望這樣有了直覺與思想、情感與理智、光明與黑暗、阿波羅與戴奧尼修斯，一與多同在，那麼生與死就兩相安了。最後我會簡要說明整合的兩把金鑰匙：榮格的積極想像（active imagination）與煉金術（alchemy）的隱喻。

作為失去兒子的母親，也作為研究遺族的學者，二十年後回顧這段歷程，我的目的不在宣洩或者僅僅治療自己，更多的是提問、反思、挑戰與對話。《國語辭典簡編本》作為一個參照文本的使用，原意要映照濃厚與沉重的情感，以文字的無邪對照自殺失落的困境，爭取一個喘息與反思的空間，也作為消化情感的媒介。裡面所提問的，都是遺族過不去的情感與深刻的議題，我希望這個書寫能超越個人的傷痛，讓世界能看見這個隱形的族群，進而了解遺族的經驗，可能的話，給予支持、陪伴與同理。

一點提醒

我並不是建議深層心理學是看待遺族經驗最好的理論，也不是用流行的神話學來暗示每一個遺族都要走上神話之旅，而且這個取向絕對不適合剛喪親者或者在急性哀傷期的遺族。只是我發現喪親很久以後，想要有所轉變是很自然的——可能是改變對自殺的看法，對死者的看法，對這段歷程的看法等等，而神話是一個很好的隱喻。

榮格認為，個人神話是一種理想，好像個體靈魂的獨特性，而神話的述說讓心理歷程生動起來，讓歷程被想起，因此建構起意識與潛意識的連結。我了解自己使用神話的方式過於片斷與切割，在藝術手法上接近拼貼，犧牲了神話的脈絡，也忽略各種版本的異同，只為了增加了多元的角度與對照的空間。對於一個隱形的遺族，能被看見是第一步，而且如同個體的獨特性，自殺者遺族是一個多元面貌的族群，拼貼而來的立體效果，類似立體派的畫作，開啟世人另一層視野，看見創傷的破碎，也看見重生的力量。

每一個遺族的歷程是充滿血的、沒人敢說的、眾人所指的、汙穢不堪的、混亂不安的，我希望透過這個書寫，能探索這一個歷程的普同性，讓幾千年來的羞恥、污名、罪惡、代罪羔羊等不公的現象能夠有所不同。神話隱喻也不排斥個人哀傷的獨特歷程，有些人，有些事我們一輩子都不想忘記，我們也不需要放下，因為能一起往前走一輩子也是一種幸福。

一些地方用「她」來表示主體，除了呼應我（經驗者）是一個母親，也彰顯女性意識的重要，然而失落的普同經驗跨越性別，是無庸置疑的。

2
序曲

無以言說的憂鬱又找上門了。

無盡的懊悔……想著失敗的過去，無力的現在，不確定的未來，我思索著，在哪裡，錯得最多？在哪裡，轉錯了彎？在哪裡，使一切成為萬劫不復之地？

只能沉默。因為我知道，自己當時並不知道自己做錯了決定，自己當時並不知道人生隨時會走樣，自己當時並不知道，你會承受不了一切。

你又在自責了，媽媽。他說。

他是我的孩子，十二歲時自殺了。若他活著的話，今年會是三十幾歲的壯年人。我閉上眼睛，一個黑洞浮現。漆黑一片，深不見底。我注視著，這個心靈浮現的圖像，她似乎在召喚我。心中的眼睛像攝影機緩慢地推進，一片黑暗之中，有些線條浮現，有黑色、藍色、乳白、和暗紅色……。原來是你，你的屍骸。

他說，有些東西你永遠無法忘記，有些記憶你永遠無法放下。

深吸了一口氣，我起身……，孩子，我真捨不得你啊！捨不得你這樣地死去。我的世界再度晃動，一切搖搖欲墜。我的喉間，一股熱流，往上竄流，眼中擠出了淚水。

媽，你又哭了。

我再坐下，闔上眼睛，問著，你的屍骸要說什麼？我感受到時間，整個天地等待著。逐漸地，看到兩顆紅心，一個是你的，一個……是我的！

換成他沉默不語。

原來我的心跟著你死去了。以為心裡已經接受了，以為傷口已經修復了，以為自己已經往前走了……

我有三個選擇：跟著鏡頭繼續往前，進入到黑暗之中，跟你在一起；或者把鏡頭拉遠，用疏離的眼光看著你的死亡，甚至把眼光看向別處；或者，就停留在這裡，把一切交給時間。

別太為難自己，我沒有緊抓著你不放；別太折磨自己，許多苦是你自己找的；別太執著，你只有這一輩子。

哦，你也只有一輩子，但你自行提早結束。

你還是很憤怒。

憤怒，根據《國語辭典簡編本》是「生氣」、「發怒」，相似詞是「氣憤」。在《成語典》中，跟憤怒相關的正文成語有「七孔生煙、七竅生煙、切齒咬牙、咬牙切齒、大發雷霆、悲憤填膺、惱羞成怒、惱羞變怒、意氣用事、憤氣填膺、暴跳如雷、暴躁如雷、氣急敗壞、激忿填膺、義憤填胸、義憤填膺、雷霆之怒、面紅耳熱、面紅耳赤」。這些四句成語根本無法描述我的憤怒，事實上，它們讓我覺得很可笑。

今天我的傷口再度裂開，讓我看到眼前的任務——就是進入到你的屍骨之中，把自己的心帶回來。我感受到割捨的不願意，但我不能久留在那裡，那是你的空間，不屬於活人的地方。

他好像消失了，但我還是如往常一樣，想像他在眼前。這些年來他不時在我的心中出現。我分辨不出那是我的想像，還是他回應我的召喚而現身，反正那不重要。我看似對著空氣說，孩子，我們血脈相連，但我得活著，活在這個沒有你的世間；但我願意讓我的心充滿著你的血，帶著你的血繼續活下來；我願意為了你活下去，直到下回再相見。

他活在我的心中，成為我活下去的記號。

生命的延續

我仍不時地想起你。人死後去了哪裡，可否告訴我？

我並沒有離開。

你意思是你一直在我身邊？

跟你所想的不太一樣，他說。你無法理解我存在的世界。

我不笨，跟我說，我想要知道。

（沉默）

也許我能理解。

（沉默）

我只想知道你好嗎？

這對我已經沒有意義。

那你靠著什麼活著？我知道自己面對語言的極限，如何要一個死去的人形容他生命的延續？但對於一個母親來說，孩子是她的一切，即使是死的。

我不想放手。我說，你小時候肚子痛的時候，要我把手放在你的肚子上。我手掌的溫度化解了你痙攣的肌肉，抱著抱著，我們就一同睡著了。

我知道你愛我。

我愛過去的你，現在的你，未來的你。

不要太執著，媽。

我喜歡你叫我「媽」，事實上，你叫我「馬麻」，我還記得你的聲音，對我來說，那是天底下最美的聲音。

黑暗一度成為我的家

你死了以後我也離開那個家，像你一樣，一切歸於塵土。

你不用像我一樣，只是你也有毅然決然的姿態。為什麼？

自從你離開以後，我不知道如何待在那個家。我被無法言說的破裂給鞭策著，走上流亡的道路。就像被迫離開家園的難民一樣，我不知道何時可以回家。

你失去了一個家。他說。

你放棄了那個家。我說。

我從沒有想要成為你的競爭對手，但在這件事情上，似乎有某種的羨忌。

馬麻，為什麼？

那不是一個理性的決定。我離開家園，成了人間的浪者，這一切非我所願，由不得我選擇。

你想跟隨我的腳步嗎？

我搜尋著你的腳步，自殺帶來的驚嚇與不解，讓我踏上「為什麼」的旅程。回來臺灣以後，腦袋依舊常常浮出在英國街頭行走的畫面——一個孤獨的母親，在車水馬龍的街頭走著，我成了尋找芥子的女人。

為什麼？他再問一次。

我覺得在臺灣的生命結束了，不知道怎麼繼續，也不能去死，只好漂流到異地去。傻孩子，我們不是同隊友嗎？我們不是應當同進同出嗎？

（沉默）

我進入到鯨魚的肚腹裡，黑暗一度成為我的家。

其實我也跟著你在那裡。

我知道，原來不管我們到哪裡，我們的傷痛也跟著到那裡。

飛得太高的伊卡洛斯[1]

你的名字是我取的。當時家中運勢不佳，希望你的到來能讓家運日日高昇。

你把願望投射到我的身上，他說。

每個父母都對來到生命中的孩子懷抱著某種夢想吧？這是很自然的事情。每個父母都希望給孩子最好的，事實上，每個父母都把孩子當成自己——那個充滿可能的生命，充滿希望的未來，充滿重新開始的喜悅。我想著我父母生了六個孩子，目前都健在。

那有點不公平，他說。

在愛裡面沒有不公平這件事，我說。人們最常比喻的就是手指，對孩子的愛就像有長有短的手指，不管長短，都是連著心。

那你愛我比哥哥多嗎？

這個真的無法比較。你愛我比較多？還是你父親？我反問。

人真的很奇怪，他說。

人死了就不奇怪了嗎？

那真的有如你想望的，日日高昇嗎？

剛那一棋我們算是平手了，他另起一局。

沒有。也許我的期待是個錯誤，不公平的期待就像用蠟做的翅膀一樣，不耐高熱的考驗。你的生命就像飛得太高的伊卡洛斯，翅膀遭太陽溶化而跌落水中喪生。

抱歉，我沒有讓你的願望滿足。

不是你的問題。

但你卻像他的父親代達羅斯一樣，悲傷地回到家鄉，並將自己打造的那對蠟翼懸掛在奧林帕斯山阿波羅神殿裡，不再飛翔。你把自己包裹在無止境的悲傷裡，讓憂鬱咬嚙著你的心靈。

我如何能不哭呢？每次的哭泣都是愛你的表達，只希望淚水能化為祝福。謝謝你這世來做我的兒子，你帶給我許多快樂、溫暖與支持。小時候我若哭了，你會躺到旁邊來陪我；有吃的喝的，你會留一些給我；你會向我撒嬌，你對我有信心。身為大人需要鼓勵，你的親近就是一種鼓勵。謝謝你，我們彼此相愛，這是最可貴的。然而你的一切凝固了，在我心裡，是我一生的回憶。

馬麻，我希望有一天你把高擱在神殿裡的翅膀拿下來，再次飛翔。

3
惡事現前

也許不是真的……

那天對我來說，是個難忘的日子。早上九點半多，接到電話，你的父親說你從樓上跳下去，死在路邊。我真的不敢相信，馬上坐計程車趕回家，一路上叫自己鎮定下來，「也許不是真的……。」在車上打電話請Susan阿姨來陪我，因為我太害怕這個消息，這個消息教我太震驚，我實在不知道要怎麼辦才好。

下了車，路邊兩旁鬧哄哄的人群，我的心更沉了。穿過馬路，到了樓下，鄰居、記者、員警……好多人。看著你的身體躺在路邊，心裡一直覺得這不是真的，總覺得你是不是在開玩笑，你會不會眨眨眼睛，調皮地站起來。因為你生前是那麼地活潑，那麼地愛開玩笑，我看著你的屍體，好陌生的感覺，感覺那不是你，而是一具模特兒，就像櫥窗內的模特兒，毫無表情。

家裡擠滿了不認識的人，某家報紙還拍了一張你的圖畫，有專家分析說，從畫中可以看到你會自殺的蛛絲馬跡。也提到你這麼小就在讀《死亡心理學》。根本胡扯！那本書是我的。還有一個葬儀社的人在我旁邊一直叨絮喪葬的方案。到了殯儀館，我才仔細看到你臉上的表情。你眼皮蓋下八分，露出一點點眼球……，你的臉是完整的，只是鼻孔都是血。

那是你的記憶，不是真實。

一如往常，他的聲音把我從漂浮的空間拉回這個人間。我轉向《簡編本》。真實的意思是「真確實在」，相反詞是「虛幻、虛假、虛偽、失實」。我起身倒一杯水，腦袋需要冷靜一下。

你知道嗎？一開始我天天想著你自殺死了這件事，腦袋一直出現一個人影，不斷從高樓往下跳，這幕場景不斷重複出現。而人，掉在地上，就死了。這怎麼不是真的？若這不是真的，請你回到我身邊。

（沉默）

這一切教我作嘔，天氣很熱，我希望自己蒸發在熱氣中，消失在這莫名的譁然。

你知道我在說什麼的，馬麻。

我再次轉向《簡編本》，因為這是為中小學生設計的工具書。我希望時間能夠倒轉，到你自殺的前一個晚上。若時間能倒轉，我要打電話給你，說我愛你，說有我在，說不要擔心，說要活下去。我要飛奔到你身邊，抓住你，不讓你往下跳。

辭典解釋自殺是「自己殺死自己」，並造了一個句子，「人生難免遭遇困境，千萬不可因一時的挫折而厭世自殺，使親人傷心痛苦」。你在學期間有查過這個辭典嗎？你了解自殺是「自己殺死自己」嗎？你想多久了？

（沉默）

這些陌生人闖進家中，也衝破我的防禦，我的世界被撞成一個大窟窿，他們火上加油，無視我的世界成了一片火湖。我失聲痛哭，因為再多的五彩石也填補不了世界的破碎。

我們應該要在場

隔天你的老師和同學來跟你道別，我們卻沒有在場。其實我們躲在不遠的地方，不知怎麼辦，現場有記者，有人教我們不要去。抱歉當時我們不能冷靜以對，沒有完成家屬所當有的任務。

沒有人怪你，馬麻。

我希望一切可以重來，我想謝謝他們，我想抱抱他們，謝謝他們作你的同學與老師，這對他們應該也是很難理解的事。我們應該要在場，因為他們是來跟你道別的。很抱歉，連一個像樣的告別式也沒有給你。

沒有人會準備好面對另一個人的自殺離去。他說。

我希望未來有人會來找我，跟我說他／她是你的同學，我希望有人記得你。

這世間不是每個人都能夠好好道別，或者重新開始。

他只是用死來解決他的問題

我做了個夢，姑姑和婆婆來了，我要準備餐點給他們吃，家裡好多人，上上下下擠滿的人。在夢中，我沒有空陪他們，跟他們說了用餐的順序後，告假離開。因為我想到外面找你，你還沒吃飯。我心中只惦記著你。在我夢中你離開了家，在現實中，你離開了這個世界。我一直很難原諒自己，因為這個家應該是你成長的根源，應該是你的安全基地（secure base）。

安全，指「平安而沒有危險」，安全基地應該有個清楚界線標示的地方，比如動物園柵欄前，標示大家到此為止，前方是野獸的地盤；或者像溪流，有個水深危險的標誌，生人勿近。這個家不再安全，你一躍而過生死的疆界。

我只是用死來解決我的問題，他說。

你怎麼不跟我說？

我不知道如何說。

你對我一定非常失望。

我只是用死來解決我的問題。

他重複剛所說的話。解決方法有很多種，你為何選擇死？

我不知道還有什麼方法，死是我所知道唯一的方法了。

我無言望著前方，呆坐著。當初在殯儀館的牌位前面，我擺上一些他喜歡的東西，旁邊的人說，父母不可以拜小孩，讓我很無助。這是我第一次到殯儀館，一切都讓我很陌生，唯一熟悉的是自己的孩子，但他只能在冷凍庫裡。我不能在冷凍庫裡待太久，只能在牌位區守候他，我不熟悉這樣的分離，只希望有一天可以帶著他回家。

等到的卻是一個骨灰罈。

你在那裡面嗎？我是指骨灰罈。

那是一個你無權過問的世界，他說。

4

天問

他所在的國度

我從高樓往下眺望，想像你生命中最後那個時刻。我好想去找你，我好想抓住你，腦中浮現你快樂的臉孔，你總是那麼地開心活潑，你是我們家的開心果，我從沒想過死的人會是你。我知道想死一點都不好過，那種灰心、黯淡、教人幾乎窒息。你想死有多久了？從哪時候開始？

你還要問這些問題嗎？他說。

我如何能不問？我如何能放下？你怎麼捨得離開我？怎麼捨得將我拋下？你知道我愛你嗎？你知道我想你嗎？你知道你死了對我而言，是多大的打擊嗎？為什麼你選擇這條不歸路呢？我真的有許多不解，有許多的疑惑，沒有人可以回答這些，沒有人可以給一個理由。

這些聲音在我心裡盤旋不去。

在我傾瀉這些情感時，我察覺到一片靜默。他離開了嗎？他再度遺棄我了嗎？我不管，我對著空氣繼續說。你知道我非常地愛你嗎？你知道我們血脈相連嗎？任何一方的離去，對我們都是一種傷害，我們不能沒有彼此，我們相依為命。你怎麼捨得？你怎麼這麼無情？

我一直想著這件事情，你是如此毅然決然地想離開，以你的聰明判斷，那樣一定會死。你選擇了確定死得成的道路，那個從十四樓通到頂樓的樓梯……。我無法想像當你踏上最後路途時，你在想些什麼？你有沒有想過要回頭？才十二歲的你，如何能有這樣的決心？你的去意那麼堅決，想必想了很久了。想不到小小的你，已經在面對生死的選擇，我真粗心，真大意，你對我一定很失望對不對？你對我一點信心也沒有，所以你沒有跟我說，你把一切都放在心裡。

我的死是我的事，不甘你的事。他說。

不，你錯了。死亡永遠都是兩方的事。阿諾德．湯恩比（Arnold Toynbee）說，至少有死去的人與哀悼的遺族。被死亡所叮咬的苦痛，哀悼的遺族總是比較多，對於死亡的災難，我們承受更多痛苦。

你怪我嗎？

哦，我已泣不成聲。我深吸口氣說，我說這些，並不是要指責你。我對你有許許多多的不捨，我的眼淚可以證明一切。

我知道，他說。

我不知道怎麼活下去，不知要做什麼……，我發現就算我有再多再好的計畫，與失去你這件事相比，就顯得微不足道。我有點害怕睡午覺這件事情，醒來坐在床上，常常一片空白。死亡時也是這樣吧？一切是那麼混亂。你的自殺，當時你所面對的，當比這種混亂還更多吧？你掙扎地想醒來，卻醒不過來，被一團混沌壓得喘不過氣來，卻什麼也不能做，只能投降。這當中有多少不願？有多少後悔？多少怨恨？

現在我沒有後悔，也沒有怨恨。他說。

我再度往下眺望，那遙遠的地面，就是他所在的國度。

母親的傲慢

我很難接受你的身體破碎了，原本一個完整、年輕、美好、充滿希望的生命就這樣沒了。

一個人不是只有肉體，他說。

你出自我的腹中，你破碎，我也破碎了。

（沉默）

我在殯儀館的冷凍櫃裡，看著你逐漸變硬、變黑的臉，那不是我認識的你。在我的記憶中，你是活潑的男孩，你有著特別的幽默感與喜感。在你身上，似乎有個彈簧，你有用不完的精力，永遠有著明亮的笑容。

你無法認識一個人的全部；或者，你若能認識到一個人的某個面向，也許就足夠了。

你是我的孩子，我應該認識你，我應該了解你。

那是母親的傲慢。

你不會接著說那是我的偏見吧？

（沉默）

當他不接話的時候，通常是默認我所說的。一個母親認識自己的孩子，怎麼是傲慢？了解自己的孩子，怎麼會是偏見？我不懂。我只知道當我看著他身上破裂的傷口，扭曲的手腳時，我癱瘓了。一個母親期待的，是孩子長大，是孩子走向人生一個又一個的階段；早死從不會在一個母親的想像裡，自殺更不是一個選項。

每個父母都難捨兒女的遠離。一個從小撫育的生命要獨立離巢，我們只能祝福，我們只能抑制想念，因為不希望思念而造成子女的擔憂。

我多麼想伸手抓住你，我多麼希望你能永遠在我的身邊。

每個母親要讓孩子離開，需要放下許多。她需要打開手掌，將一直抓在手中的線放開，讓風帶著祝福，祝福從己身而出的小生命有個平坦的人生，希望他一路平安，一路順利，一路有神的保佑。

我真捨不得讓你走啊，親愛的兒子。

我需要理由

天氣越來越熱，天地就像個火爐。

這一天我站在巷子口，熱風穿拂過巷弄，整個街道像是揚帆的船隻，被滿滿的熱風吹著嘎嘎響。我的孩子在炎熱的六月自殺的，我坐在書桌前，手指算算，滿二十年了。神啊，為什麼人這麼脆弱？為什麼人不能是金剛不壞？神啊，我的孩子就這樣死了，淚水在眼眶中打轉，只是不管我怎麼哭泣，都挽不回這一切。神啊，我沒有活下去的動力，請幫助我，這麼大的失落，幾乎要壓垮我了。

我活了十二年，你卻哭了二十年，他說。

對啊，沒什麼道理。我嘀咕著，這一切超過我的理性所能理解。我很想振作起來，讓這一切過去，但哀傷好像變成我的一部分。你若活著，現在會是個壯年男子。

這一切很不容易。雖然我就在你身邊，但對你來說，就是不一樣。

你就在我身邊？時時刻刻？我不禁叫出聲。但我看不見你，摸不著你。

我記得有一個晚上，我的眼睛像天上的繁星對著你眨眨眼，你卻視而不見。他說。

我也記得那天晚上，自己發了瘋似的，想要從空氣中擁抱你入懷。那是一望無際的草原，我從東邊跑向西邊，又從西邊跑回來，張開雙臂，想抱住你，但我擁抱的只有空氣。

我聽見你無聲地尖叫，他說。

其實我需要理由，我真的需要理由。為什麼？

沒有為什麼，他說。任何人沒有必要為他的自殺辯解，雖然許多自殺者死得不明不白。

我曾透過靈媒的牽引，想問你為什麼自殺。你可曾想過你的自殺代表什麼？

沒有，我沒有必要去想，就算我說了，你也無法接受。

接受，《簡編本》說是「收受、接納」之意。完全不知道辭典在說什麼，要我「收受」你的死亡，「接納」你的缺席？

也許換個角度想，也說得通，他說。

不！不！不！沒有人能理解！要接受一個人的自殺！如何可能？在七十個義類關鍵詞中，我看到「面對」，有三個意思：第一個是「臉向著、正面對著」。比如說，「面對著這一片湛藍的海水，你是否也覺得心情寬舒不少？」再來是「面臨」，比如「面對家裡的變故，他不知該如何去處理」。最後是「接受並應付」，比如：「事情都已經發生了，就勇敢的去面對它吧！」

面對著這一片寬廣的草原，**你**是否也覺得生命寬舒不少？**面對**生命的變故，**她**不知道如何去處理。在這樣的景況當中，**我**如何告訴自己，事情都已經發生了，就勇敢的去**面對**它吧？

（沉默）

面對著這一片寬廣的草原，**我**是否也覺得生命寬舒不少？**面對**生命的變故，**你**不知道如何去處理。在這樣的景況當中，**她**如何告訴自己，事情都已經發生了，就勇敢的去**面對**它吧？

（沉默）

面對著這一片寬廣的草原，**她**是否也覺得生命寬舒不少？**面對**生命的變故，**我**不知道如何去處理。在這樣的景況當中，**你**如何告訴自己，事情都已經發生了，就勇敢的去**面對**它吧？

我玩弄著人稱的轉換，怎樣都轉不出那個「為什麼」的迷宮。你面對自己的死亡了嗎？最後我吐出這幾句話。

你只是在折磨自己，馬麻。

沒有人能夠給我理由，人間的答案都無法解答，除了神回答我，你回答我，或者，我放棄尋找這個理由。但我無法放棄，對我來說，放棄尋找理由，等於再次放棄你。

你永遠是我心中的寶貝

當時我很希望認識的人見到我，不要繞道而行，不經意見到面時，也不要顧左右而言他，也不要安慰我要看開。我寧可他們坦白說不知道要說些什麼，或者只是靜靜地陪伴我。還有，我通訊錄上的朋友消失了不少。

在人間，死亡原本就禁忌，自殺而死可說是雙重的禁忌吧！

禁忌，「忌諱」，例句「妄下定論是科學研究的一大禁忌」。我抱怨起來，辭典這樣說，有說跟沒說差不多。自殺身亡是人類命運的一大禁忌？你同意嗎？

這很難說……，若所有的人都自殺身亡，人類就不存在了。

他說的沒錯，顯然自殺是少數人的行為，表示人天生具有要活著的本能，要不我們不會在這裡。

說威脅比較貼切。群體中若有人自殺，表明了人受不了的時候，可以不玩生老病死的遊戲，導致群體的命運岌岌可危，自殺好像設立了不好的榜樣。

我心中想著，是啊，我也差點自殺，若不透過這樣的書寫，我可能也加一了吧。

你認為自殺身亡是個體生命的一大禁忌嗎？馬麻。

他反過來問我。

我認為人類對於死亡原本就有天生的恐懼，自殺者決定自己的死亡，僭越了神的位置。因為主動製造死亡，自殺等於製造了恐懼，因此自殺成為禁忌。

難怪你的朋友變少了。我成為你生命中的禁忌嗎？馬麻。

沒有，你永遠是我心中的寶貝。

曾經努力對抗惡魔

自殺是個人的權利嗎？

有人說是，有人說不是。尊重個體意願的會說「是」，看重社群義務的，會說「不是」。但在不該自殺的這邊，自殺者備受韃伐，你們被描述成性格軟弱，自私，有病。

自殺是對是錯？

自殺沒有對錯。史奈德曼（Edwin S Shneidman）「靈痛」（psychache）的理論讓我明白自殺者的心靈世界，我知道自殺者最核心的心理感受是痛苦。

知道這些對你有幫助嗎？他問著。

我猜痛苦讓你無從選擇，你陷入了黑暗的隧道，看不到盡頭。我比較想知道的是，你的生存本能在哪時候翻轉為想死的慾望？

當世界不是他應該的樣子，我被迫越縮越小，直到有一天我知道，時間到了。

所以你活著，直到有一天，你決定要死？為何你不決定繼續活著？

一開始想死的念頭出現時，我還有一些能力對抗他，就像「紅色警戒」裡面的Zero[2]，努力要對抗惡魔。我一直對抗，但我的彈藥越來越少，我好孤單無助，我的能量在流失，直到最後，沒有辦法，我只好棄械投降[3]。

5 失序的宇宙

你從我眼前掉落

我坐在十四樓的客廳，闔上眼睛，看到你從我眼前掉落……。我常想著，你生命最後那幾分鐘，你在想什麼？

我想著這一生發生的事情，他說。

曾有自殺的人被救活後，說他們在那幾秒鐘、或幾分鐘的時間，後悔自己所做的。在你縱身一跳、落地之前，你可曾後悔？

你不會想知道這個，他說。

我知道任何答案都讓我痛苦。他若後悔卻回不來，或者，沒有後悔、一無反顧，兩個答案都一樣殘忍。

我只是驚訝你決然的姿態，你絕然的態度。

沒有後悔或不後悔，他說。

有些事是無法回頭的，人生若能像鏡頭一樣倒轉該有多好！我好希望有機會叫住你，跟你說我愛你；我好希望在那狹窄的貓道上，拉著你的手回家；我好希望自己有張網，能夠罩住你，不讓你往下掉。

（沉默）

或者我們有機會不斷重來，不斷練習，直到自己滿意為止，直到我成為一個好母親。

我知道你盡力了，馬麻。

我想要伸出手接住你……。我曾在夢中一躍而起，因為你跳樓的景象在我的夢境重演。你重力撞擊地面，地府也要應聲開門了。

不要過度聯想，馬麻。

我無法不想，死亡的人得經歷強烈的身心轉換，需要時間面對離世的過程。正常亡故發生時，四大分解逐漸進行，但自殺的人，被迫擠進另一個時空，活生生地被排擠出人世間。

他是否蒼白虛弱地，只能張眼望著彼時最終的那個關鍵時刻？或者他有試圖回頭，要進入他那破碎的身體？還是他只能茫茫然，跟著業風飄蕩？

我想著baby在母胎十個月的時間，細胞繁殖，六根長成，在子宮陰道擠壓的痛與壓力之下，頭下腳上地降生，浴血來到人間。那是一段身心轉換的過程，這段過程耗盡一切心力，所以baby需要大量的睡眠，來適應新的生活。

那他進入另一個世間時，是否像baby滑出產道的時候，經歷如烏龜脫殼般無比的劇痛？因為痛到說不出口，只能哭泣？

孩子，對不起，你浴血離開人間，我卻沒有擦去你眼中的淚水。

你一定很冷吧

你倒在馬路邊，成了死人，我不僅沒有擦去你的淚水，竟然還害怕你，忘記向前去抱抱你，跟你說再見；或者更真確地說，沒有去叫醒你。也許，你聽了我的呼喚，會回神過來。

我不知道，因為我也是第一次體驗死亡。他說。

你穿著藍點點的上衣，那時早上尖峰時間，你躺在馬路邊一定很孤單吧？那個早上有永恆那麼久。終於，我們被獲准可以將你送到殯儀館。你身上許多破口，葬儀社有兩個人在搬動你，一個很粗魯，我實在看不下去，要求換人做。你的父親要他們把冬天的衣服給你穿上，因為怕你冷著。

（沉默）

我去冷凍庫看你的時候，依稀看到你在對我笑，然後，你的身體越來越僵硬，臉越來越黑。那時你一定很冷吧？

嗯，零下。他說。

回家以後我們到頂樓去把你的鞋子拿回來。你的鞋子安靜地站在那裡，好似等著主人的生命。它不發一語，跟我們一樣悲傷。

語言都描述不了的空白

頭七你有回來嗎？那天晚上我心情忐忑不安，因為我也是第一次經歷至親死亡。

當時他的死占據了我生活的全部，我每天到殯儀館去為他念經，參加許多法會，希望藉由累積功德來幫助他脫離苦海。不知多久的時間，我的世界只有他和我，我對一切失去興趣，跟他一樣「離開」這個世界。我全部的心力都在消化這個自殺，接受他死亡的事實。這個世界已經不再安全，而是隨時有人會死去的世界。

那個家，已經不是我可以安身的居所。他說。

我了解你有你的難處……。其實你有沒有回來，我們無法看見，但面對你死後的第一個周末，有很不真實的感受。家裡看似什麼都沒變，但一切都不一樣了，任何語言都描述不了這巨大的空白。

失去了你，我失去了活力熱情。一開始是混亂，無法理出秩序，漸漸才碰觸到內心極度的痛。這痛，如海浪，一波波襲向沙灘、襲向大海、襲向陸地，日復一日，上演這種襲擊的劇碼。

我站在沙灘邊，海面數條平行的波浪，由近到遠，它們二話不說地朝地面而來。不知道海邊的浪濤，從哪裡來的永不止息的活力，來來往往，而遠遠的海面總是那麼平靜，看起來很不真實。

一切看起來無法改變

我每天去殯儀館看你，那時是夏天，內外的溫差極大。你在一個團體室，跟一堆死掉的人住在一起，我沒有好好看過你的鄰居，但我印象在門口是一個很大的「人」。我好想在裡面待久一些，但你們每個人都躺著一動也不動，我沒有椅子可以坐，只能跟你打聲招呼，然後就到外頭念經。

我知道這一切讓你措手不及。他說。

冷凍庫裡冷到不行，得這樣才能將人間的生命給凍結起來，把一切的紛爭給終止，讓未完結的有個結束。在肉身逐漸凍結的過程當中，你有感受到時間嗎？你知道我每隔二十四小時來探訪你嗎？

我其實也在調適新的生活。他說。

不知道他新的生活是什麼樣子，只能想像他靜止的新生活，橫躺著的人生。我的生活也沒有好到哪裡，被死亡打亂了秩序，每天像個陀螺，轉不出命運的繩子。雖說每天去殯儀館，我並沒有準備好他的離去，比較像是把孩子送去營隊，活動結束是要把人帶回家的。一天過了一天，裡面的人好似在真空的世界，上鋪下鋪永遠堆疊在一起，沒有人要回家的樣子。營隊不會放人，一切看起來無法改變了。

雖然我回到了家，心中掛念的，是在冰天雪地的你。

算不算作弊

告別式前一個晚上，我翻來覆去睡不著。這幾周的時間我來來回回，畢竟還有個身體可以認。但明天過後就不一樣了，我好害怕再次失去你。我知道這沒有邏輯，因為我已經失去了你，你已經死了。但只要還有個身體，你依舊是我的兒子。

我看到你穿著我的衣服，想要變成我。他說。

沒錯，我穿著他那件前面有皮卡丘的T恤，這樣感覺跟他靠近一些。但我不敢穿他的鞋，好像那雙鞋會帶我走向頂樓。

我翻著你的畢業紀念冊，你的志願是要上一流的大學。我好想把你從中陰階段拉回來，你有權利實現你的夢想——一個年輕生命該有的夢想。你和老師同學們的聚餐照片，完全看不到死亡的陰影。

我睡不著。

我也睡不著。他說。

我抱著枕頭痛哭，枕頭變成了你。明天就是你人間的畢業典禮，你這樣算不算作弊？

（沉默）

你提前交卷，把考卷拿回來繼續作答。

（沉默）

你可不可以重修？我們再繼續我們的母子關係？

他不再說話。夜深了，我就是闔不上雙眼。

每個人臉上一副勇敢

殯儀館來了許多人，我們被叫到棺材前面，你躺在裡面。這是離開冷凍櫃第一次見到你，我嚇了一跳，因為那根本不是你。

（沉默）

你臉上很濃的妝，很不自然，他們還在你的嘴巴放著一個像錢幣的東西。

你有看見嗎？

（沉默）

我們把一些東西放在裡面送給你。一切鬧哄哄的，我不知道在衣服下面，

你變成什麼樣子？

不要知道的好。他說。

你變成一個沒有生命的人偶。

（沉默）

殯儀館就像火車站，人來人往，每個人臉上一副勇敢，連死者也是。有人說，不能說再見。這是一齣不能彩排的戲，每個人都很笨拙，一切教人亂了陣腳，沒有人知道該做什麼。

看著不是你的你，那張臉吐出一口怨氣，而我，忍不下這口氣。

往生被

她為他蓋上往生被。豔黃的往生被，在陰霾的房間裡散出光暈。被上有許多符咒與盛開的蓮花，因為被賦予接引的任務而顯得神祕。

在這裡，生者化思念為無盡的祝福，即使他們不知道他的下一站在哪裡。以國際飛行比喻，飛機接引乘客從甲地到乙地，人們依稀知道要去的地方，但如何到那裡只有機長知道。上了飛機，我們把一切主權都交給了機長。

亡者什麼都沒有準備，就這樣被蓋上往生被。那麼，往生被是一張機票？一張登機證？憑著華豔的往生被，就能登上彼岸？彼岸，在哪裡？不在路上的人，永遠看不見風景。上路的人，處於飛航模式，無法開口告訴我們沿途的景色。

你如何告訴我你到了彼岸？

（沉默）

我們何時可以再相見？

你只要一天過一天，總有那麼一天的，馬麻。

化為烏有

告別式結束了，你被推往火葬場，大人不能跟去，我們只好在一邊等候。

不知過了多久，那個不是你的你被推進去，出來一副骨灰。

（沉默）

你從一個好好的小孩，變成一支冰柱，然後變成一個哀怨的死人，最後變成一堆灰燼。這是一齣NG的戲碼。

（沉默）

最後你被放進一個封存的罈子裡，再也出不來了。

（沉默）

若冷凍庫裡要冷到把人間的生命給凍結起來，好讓一切的紛爭給終止，那麼火化爐要多高的溫度才能將一個寶貴的人身化為烏有？讓一切曾經的存在消失無蹤？我不知道你是不是在那個骨灰罈裡，但我再也沒有其他的媒介可以依附對你的想念了。

（沉默）

哥哥抱著那個骨灰罈，你有感受到他的溫暖嗎？裡面有多少沉重？

（沉默）

雖然他一句話都不說，我深刻地感覺我們在一起，從今以後，我們每個人被迫走上一條不歸路——一個生死永隔的道路。

靈魂暗夜的旅程

葬儀社的人要我準備照片。照相館沖洗出來的你卻變黑了，老闆看著我，他的眼中有著疑惑，說，從沒發生過這樣的事情，怎樣就是洗不出來正常亮度的你。他的女兒在一旁，跟我說你死了。原來是你的同學。

不管你變得多黑，還是我的兒子。那天哥哥把他最心愛的小熊送給你，我俯身看你，一股怨氣竄入我的鼻孔。我回家後歇斯底里，對著仁波切哭訴。他跟我說，你會好好的。我開始到處尋找死亡門，我要去敲門，拜訪我的兒子。

在一個閉關的活動中，聽到一個將死的癌症患者，她一直在準備死亡，但擔心家人放不下，她的哀傷也很沉重。我看到一個相反的世界，將死之人的哀悼歷程，與對生者的愛，讓我相信死者心中充滿了愛。

謝謝你送給我的祝福，馬麻。

那四十九天我專注地為你修法，我每天燒香，是香粉的香，因為聽說你們會變成吸食香氣的靈體。師父給我甘露丸，要我加在香粉裡。看著香裊裊飄在空氣中，好似與你連結在一起，雖然你形式改變了，但仍在這個空間裡。

四十九天過後，是百日，然後是忌日。

（沉默）

靈骨樓給了我們你的「門牌號碼」，上去一看，一排排的鐵櫃，分成一格又一格，每個櫃子上貼有死人的照片，那是你的新家。摸著骨灰罈的封口，好似摸著了你，生死的邊界就在眼前，我好想打開它。

我們把一些玩具放在你的骨灰罈旁邊，你喜歡嗎？之後我們每年來看你，會把你的前後門都擦拭一遍，換新的玩具給你，依舊很不是滋味。看著你的照片很難不掉眼淚……

然後我被推入了靈魂暗夜的旅程。

馬麻，謝謝你在心中給我一個位置。

用繩子圈水

在人間，我們有身體，肉體是我們有專屬空間的界線，可以與他人分離，把別人隔絕在外。那你們呢？沒有物質體，是否像風一樣，雖然看不見，卻與一切融合在一起，無形但可穿透一切？

他沒有回應，我對著空間繼續喃喃自語。

與喇嘛進行火供儀式，燒著你愛吃的餅乾零食，然後我們要叫你的名字，好似這樣是宣稱那火燒的供品是你的。煙與空氣完全混合，我似乎看見你出現在我的面前。在無形的世界裡，你和他者的界線要如何定義呢？你們如何保持界線呢？

我問著這些看似無聊的問題，下意識裡是不想跟他分離吧？

馬麻，我已經回歸大地了。

大地？那是個什麼樣的地方？就是彼岸嗎？彼岸有咖啡館嗎？再忙，也要跟你喝個咖啡。我試圖創造話題，要留住他。好東西要和好朋友分享，當年我和哥哥在牛津的咖啡館，你也在我們中間吧？整個牛津就是我們的咖啡館。

你要抓住我，就像要用繩子圈住水，注定會失敗。

我不要說再見

我每天哭，仍然喚不回死去的你，極度哀傷讓我的身體虛弱。加上煩悶異常，我來到我們常造訪的泳池。你的身影回到池畔，曾經你在水裡像一條魚一樣，翻來覆去，在水面畫出漂亮的弧線，不時要我看你變的把戲。

馬麻，你看。

在水中，他是一條發亮的金魚。

你死去才四週，我卻感覺有永恆之久。在水中，我吐出思念，吐出淚水，吐出不捨，吐出懺悔。吐氣聲混合著哭泣聲，加上一顆顆漂浮的水泡，成了奇怪的聲響，淚水就混進泳池了。冷冷的水讓我非常寂寞。

我想問你，那天早上到底發生了什麼事？我很難接受你自殺死了。

（沉默）

你跟通靈的師姐說不方便跟外人說。我不是外人。

（沉默）

他們跟我說你身上的傷已經好了，叫我不要擔心。我想他們好心腸，只是安慰我。生者只要死者入土為安，但我不要你死，我不要說再見。

生離是死別的預演。他說。

他打破沉默。我抗議著，你這樣是生離，也是死別。他們還說你已經變成快樂的靈體，只有七公分那麼長。等到縮小到看不見的時候，你就可以去投胎了。真的是這樣嗎？

我知道我無法放手，這麼好的孩子，這麼可愛的孩子，看他在水裡翻騰的模樣！他曾經是個優游自在的生命。

有死亡，才有人類的文明史。他說。

你死了，我的世界塌陷了，結束了，一切回歸荒蕪，沒有文明可言。

我想把他留在這一世

再多的「早知道」也於事無補。他死後我參加各種法會，修習各種功課，好似可以延續他的生命似地，希望能累積足夠的功德讓他上淨土。但所有經文都提醒著我，「人已死亡」，「他已離去」的訊息。

我看著你的照片，想著燒成灰的你，你的笑容無法減輕失落的絲毫，只教我的心更痛。

我的語言往前退化了兩百年，都是負片——負面的照片。像發射子彈一樣，我一口氣說了下面的話：

照片不再是記憶的來源，而是哀悼的對象。
照片不再是歡樂記憶的載體，而是憑弔的物件。
照片不再是生前活動的紀錄，而是陽世與冥界的媒介。
照片中，亡者已經一片透明，他所站之處一片空白，因為他已經不在人間。
照片中的表情姿態不再是人的身影，而是過客的足跡，如雪中的腳印，印痕尚存，人卻消逝了。

然後，我發瘋似地總結。

照片不再有意義，因為它留不住生命的足跡！
照片成為殘酷的物件，它拒絕思念的投射。

你要在照片中尋找靈光，注定要失望的，馬麻。

我不想理他，繼續我負面照片的理論——在數位攝影發明以前，一張照片不是要經歷正負片的轉換麼？

在死者未死以前，我們看照片回憶過去，指向過去某個時刻的經驗；我們的眼神只侷限於現在這一世，因為我們只能看見今世他作為人身的形象。而死亡發生之後，我們看的是他眼睛所射出的光芒；亡者看著我們，他以整個生命看向我們。我們不知道亡者來到此世之前是什麼，今世之後又是什麼。

我知道你想捕捉我，把我留在這一世。

邊界經驗

你死後去了哪裡？

那是一個沒有人知道，人也不應該好奇的世界。

有個法師圓寂了，他曾說「人來是空　、人走也是空」。我不習慣這樣的空。

你到底要說什麼，馬麻？

其實我害怕你在地獄受苦，從小我就聽說有十八層地獄。辭典裡面沒有「地獄」，但有「人間地獄」，就是「比喻黑暗惡劣的環境」，那完全不是我要了解的重點。查了「冥府」，指「陰間地府，鬼魂所在的地方」。真的有這樣的地方嗎？

你要不要讀一讀古希臘戲劇家亞里斯托芬（Aristophanes）的戲劇作品《蛙》（*Frogs*）？

我知道這個喜劇，以前在學校有讀過。酒神戴奧尼修斯（Dionysos）覺得這個世界再也沒有好詩人，於是假扮成赫拉克勒斯（Herakles），在僕人的陪同下，一起去冥界，想帶回他中意的詩人歐里庇得斯（Euripides）。在路過冥河的時候遇到了一羣青蛙，於是和這羣青蛙爭辯起來。

你不覺得與青蛙辯論，比把冥界想成「黑暗惡劣的環境」有趣多了嗎？他不經意地插嘴說。

誰知道跟青蛙辯論有什麼趣味？我沒好氣地抗議。讓我把故事講完：到了冥界，正巧歐里庇得斯和埃斯庫羅斯（Aeschylus）兩人在爭取詩人最高榮譽，爭得不可開交。冥王請酒神做裁判，最後酒神沒有帶走歐里庇得斯，而是帶着埃斯庫羅斯一起離開了。

如何？亞里斯托芬比但丁有趣多了吧！

但丁（Dante Alighieri）在《神曲》（*Divine Comedy*, 1320）裡面，把自殺者放在第七層地獄，讓我非常生氣。這個失落是邊界經驗，我無力反諷；若能到地府去，我要帶著你離開。

你曾經有個名字

你現在有名字嗎？你們在靈界怎麼相稱？

那不重要。他說。

我想知道，請告訴我。我希望他繼續存在，只要有名字，表示可以找到他；他的名字一度成為我的咒語。

有一段時間你就像《變形記》（*Metamorphoses*）裡的愛可（Echo）[4]，一直重複。

為什麼？為什麼？為什麼？

是的，我不斷重複，我也常說，天哪！天哪！天哪！

我不希望你像奧菲斯（Orpheus）一樣，因為失去了妻子也失去了生命，口中還叫著她的名字。

兒子，兒子，兒子。

你曾經有個名字，你曾經是我的兒子，這是我一輩子也忘不了的事。

我沒有破解你的密碼

你死後，我開始過著放逐的生活。

坐上捷運，有人依著鐵柱站立，有人看書，有人滑著手機。左前方的女人在睡覺，坐在他身旁的男人仰著頭，閉著眼，唇邊的肌肉偶爾抽搐。

世界如常，我卻成了一個孤島，心中懷有巨大的祕密。因為我發現其實你有透露想自殺的訊息，但我當時卻不明白。

那是過去式了，馬麻。

不，它在我心中是未來式，我現在才逐漸明瞭當時訊息的意義，我還在了解我如何忽略了你的訊號。我沒有像《模仿遊戲》[5]中，破解你的密碼，這是個失敗。

我不怪你。

但我無法原諒我自己。

人間有些事情是碰到才會學到，了解自殺的訊息就是其中一個。至少你現在很敏銳，可以明確地問發訊號的人是否有想死的念頭，這樣就是成長。

這是我最不想要的成長。你如何面對我的失誤？你是我的孩子，我理當要能了解。

自殺者的語言不是人間的語言，沒經過啟蒙的人是學不會的。

誰是你的啟蒙者？

黑暗。他說。

那個不能被說出的字

你死以後，我很擔心會有人再自殺，尤其是哥哥。曾在夢中，你們兩個都站在沒有柵欄保護的陽台上，我無法留住你們，讓我很惶恐。我一伸手，從床上坐了起來。驚醒，出了一身冷汗。

你覺得你的夢在告訴你什麼？馬麻。

我的恐懼吧？自殺，會感染嗎？

我不知道，但這是個好問題。他說。

英語國家用 copycat effect 來形容一個自殺事件後接續發生更多的自殺事件。為什麼是模仿貓呢？網路上說是出於小貓平常愛模仿母親的行為。我也夢見自己跳樓，但夢裡我並沒有死，只是兩腳著地在神經系統感受到的反作用力，也把我從夢中震醒。

名人的自殺尤其有影響力。他說。

所以自殺就是那個S Word？那個不能被說出的字？

會受自殺事件影響的，是原本就在邊緣、原本就已脆弱不堪、有想死念頭的人。加上媒體的渲染，難免會動搖那些在邊緣的人。自殺者沒有人們想的那麼恐怖，可以帶著一群人下地獄。我們這裡大家對這個有這樣的見解。

我不希望我的生命中再有任何自殺的發生，我不知道如何再承受一個重要他者的自殺。

這很簡單，當你聽到潛在的訊息，你只要明確地問對方是否有想死的念頭。若答案是肯定的，你接著問他有沒有明確的計畫。若答案是肯定的，你就跟他一起找到活下去的理由。

這一點都不簡單，每個步驟都是一套專業的訓練6。自殺不會等我準備好，自殺隨時都在發生，臺灣大約每一個小時半就有一個生命走上絕路。

沒有辦法，自殺防治原本就是在補破網，總是慢了一步。

我憤怒如野獸

他死了，這個世界依然存在，實在教人憤怒。

我大吼，「我死了兒子，你們聽見了嗎？」沒人理我。他們怎麼可以這樣沉默？世界怎麼如此無動於衷？我再喊一次，「喂！我的兒子死了！」太陽仍然從右邊升起。

這真是可惡的世界。看著世人歡樂的臉，對我來說，那是世間最醜陋的表情。我憤怒如蓄勢待發的野獸，緊咬牙根，雙唇緊閉，低沉咆哮，鼻孔噴出濃烈的氣息。雙眼射出利劍，目標是任何可見之物。

馬麻，你像《竇娥冤》裡面的竇娥，罵天罵地。

沒了你，什麼都沒了。人生沒了，希望沒了，活下去的動力也沒了。我怪天為什麼沒有能力在虛空中抱住你？為什麼不讓你只是輕傷？為什麼不讓你回陽？一定得這樣死去嗎？不能溫和一些嗎？不能慢慢來嗎？不能讓我們有所準備嗎？至少讓我們能好好陪伴你的死亡，而不是在驚慌失措、手忙腳亂的情況下草草結束。在這個世界，神是球員兼裁判，我們永遠是輸家

你說了些什麼呢？馬麻。

天，我恨你！恨你無情，恨你狠！恨你殘酷，恨你冷！為何讓老狗殘喘，也不讓幼嬰茁壯？

你可以邀關漢卿喝個下午茶。

地啊，原來你沒有心，你的心是空心。

你還寫了一個小品，生氣我把自己摔得不成器。

很難接受啊！你叫我如何活下去？你叫我如何面對明天？叫我如何面對漫漫闇夜？

脫繭而出的蝴蝶

我夢見你在書桌上做功課，在一個廣場，但又像大教室，桌子都隔得很遠。我在遠遠的地方忙著，突然轉身看你一個人在那裡好孤單，我放下手邊東西過去陪你。

在你生命最後那幾年，我總忙著自己的事情。你曾要我幫你畫蝴蝶，我卻不幫你，甚至也不陪你。你恨我嗎？

什麼是恨？

《簡編本》說，恨若不是「怨恨、仇視」，比如「怨恨、憎恨」，就是「遺憾、不如意的事」，比如「遺恨、含恨而終」。

那是人世間才有的情感。

你不恨我了？

我從沒恨過你，馬麻。

我好希望能再抱抱你。夢中，你寫完功課後，我們要到下一個地方去，那是在建築物四周的某一個房間。這裡有無數的房間，但只有你和我。你起身，從沙土地上撿起一件過去的舊衣服，摺好放進書包。

我一直記得這個夢，我好希望保存那件舊衣服，但那是你的，我無權存有。就像離巢的鳥兒，我只能祝福你；就像脫了線的風箏，我只能紀念你；就像脫繭而出的蝴蝶，我只能看你展翅飛翔。

6 在魚肚腹的生活

他要我快樂地活著

連下了幾天的豪雨，沉重的溼氣，連細胞都喘不過氣來。

曾經你透過師姐告訴我，要我快樂地活著。我當下無言以對，快樂？活著？在失去你不到三個月的時間，這兩件事情難如登天啊！你應該知道當時我最想要的，是你活過來，回到我身邊。即使這個願望看似愚蠢，但那是我真實的希望。

我知道我的死把你的生活打亂了，對不起。

打亂了沒關係，只要能夠重新開始，就像散落一地的玩具，一件一件收到櫃子裡，只要一切能恢復正常。你四散的骨頭關節，如何縫合起來？我提出了那個總是教我心碎的記憶。

自殺是出於憤怒的行為，他說。

憤怒到要把自己給殺了？我知道自己原處打轉，走不出這個創傷記憶。

創傷，《簡編本》說是：一、「受外力造成的皮膚或其他組織損傷」。例如「常見的創傷有割傷、刺傷和擦傷」。二、「傷口、傷害」。例如「這件事對他的打擊很大，他需要時間來撫平心理所受的創傷」。另有十三筆相關資料，其中一個是「症候群」，意思是「一組同時發生，或經常先後出現的疾病症狀，多由同一病因所引起。比如腸激躁症候群會產生腹瀉、腹脹、腹絞痛、失眠、焦慮、乏力等症狀」。或者「由某項原因所引起的種種心理或社會現象。例如創傷症候群」。

我心中說著，忘不了創傷的記憶就是「創傷症候群」的一種症狀，我不知道他聽得到我心裡的聲音嗎？

你要我快樂地活著，當下我覺得很陌生。我以為我還是你的母親，你還是我的孩子。但我們已經不是……，你死了，你成為什麼樣子？

人世間的語言無法描述人死後的變化，他說。

顯然你看得見我，但我看不見你，師姐成為我們之間的管道。我並沒有準備好要失去你，沒有準備好要聽從來自另一個空間來的話語。

你當時憂鬱地很嚴重，你當時也想自殺，我不要你跟我做一樣的事情。

但你卻先自殺了！

對不起。

不！不！不！我不要你對不起。我只要、我只要、我只要……一陣沉寂之後，我再也說不出口。我知道任何渴望對於死去的人來說，都是多餘的負擔；就像空間的溼氣一樣，多到可以擰出水來。

他是我親愛的孩子

我坐在園中園，這是我們常來的地方。四周許多媽媽帶著小孩一起用餐，他們也像我們以前一樣，用完餐就開始讀書或做功課。看著他們熱烈地與母親討論功課的內容，我的心中一陣酸楚。我望向窗外，非常思念你。以前我們也是這樣，你常一邊吃東西，一邊迫不及待地翻閱手中的漫畫。

在這裡有與你深厚的記憶。

窗外下著細雨，這種天氣教人陰鬱，我一整天心神不定，像幽魂一般。生活中沒有了你是很陌生的一件事。從起床開始，我就知道生活中將不再有你。

你想在這裡得到什麼？

我來這裡，因為我們在這裡度過一些歲月。我好空虛，好思念你，好想念你，我真想再見到你。當我看到與你同年齡的孩子，就忍不住哀傷，因為原本你可以有個嶄新的未來，我卻沒能好好保護你，讓死神奪走你的性命，我實在稱不上是個夠格的母親。

你要自責到幾時呢，馬麻？

辭典說「自責」是「自我譴責、責備」，我當然「自我譴責」過去的疏忽，「責備」自己的失職。但我不喜歡它的例句，「他遭到這種下場，完全是咎由自取，你不必過分自責」。你的自殺身為你父母的我們，須負最大的責任。腦中浮現小舅媽抱著她孩子的樣子，曾經你也在我的懷抱裡，曾經我是那麼呵護著你，卻沒有呵護你一輩子。真的對不起。

這真的不是你的錯。

他說不是我的錯，我的心頭顫了一下。我寧可承認自己有錯，也不願意認為他的自殺是偶然。失落的負擔如此沉重，不可能是偶然，我堅持著。

你有沒有想過要放手，馬麻？我已經死了二十年了。

你永遠活在我心中！我心想著，我永遠不會放手，他是我親愛的孩子。

放手，「鬆手」，比如「那小孩緊抓著媽媽的衣角不肯放手」。「行事不受牽制」，比如「你既然把公司交給他，就別顧慮太多，讓他放手做去吧！」。「放棄、作罷」，比如「他一氣之下，放手不管了」。

一個媽媽**緊抓**著小孩的記憶**不肯放手**；你**既然**生下他，**就別**堅持**太多**，把緊抓的手**放**掉吧；把不**捨**放下，他還是活在你心中啊！我對著這些辭語拼湊著不成文的句子。

窗外走過一個國中生，我想著，你若長大，會成為一個什麼樣的人？

沒有人甘心樂意面對哀傷

他死後的第一個生日，我站在蛋糕專櫃前發呆，許多可愛的造型蛋糕。透過櫥窗，看見兒子殷盼的眼神。我買了一個回家，切了一片給你。

生日快樂，Zero。

你快樂嗎，馬麻？

這個問法不對。沒有人會甘心樂意面對死亡，死亡降臨人間，都帶著不可逆性。

你快樂嗎，馬麻？

沒有人會甘心樂意面對失落，失落進入生命，都帶著強迫性。

你快樂嗎，馬麻？

沒有人會甘心樂意面對哀傷，哀傷留駐心中，都帶著侵蝕性。

我懷念你快樂的樣子，馬麻。

雖然失去你之後吃了很多苦頭，我還是謝謝這個經驗。苦難是起點，它讓我品嘗生命的果實，讓我撥開生命深層的薄膜，親炙生命的光與熱。但我永遠無法像過去一樣，體會到曾有的快樂了。

沒有人能取代你

那天在劇場，藉由看戲希望能沖淡對你的思念。我不知道你在靈界做些什麼事情？你是不是也需要藉由一些活動，來平息對前世的依戀？我們身處不同時空，思念著彼此，這種無法到達對方的思念，如何得以滿足？我看著舞臺上的表演，心裡想的卻是你，想著你也許進行著某些活動，來忘掉思念。這個景象讓我很心酸。

舞台和靈界差距不遠，他說。

你是說靈界跟人間類似？

舞台的主體是演員，上演不同的劇情；人間不是也這樣嗎？

我沒有想到他會說這些，我希望聽到他的新生活……，我希望他一切都好。

「好」？何謂「好」？

他問得我答不上話來。自從他要我「快樂」之後，我總是轉向《國語辭典簡編本》求救。所謂的「好」ㄏㄠˇ，有十個意思。

1. 美、善、完整的。與「壞」相對。例如，美好、**完好**、好人。
2. 彼此親愛、友善。例如，**友好**、交好。
3. 痊癒。例如，**病好**了。
4. 很、非常。表示程度深。例如，好久、**好冷**、好面熟。
5. 完成、完畢。例如，**穿好衣服**、寫好功課。

6. 容易。例如，**好辦**、好解決。
7. **以便**、便於。例如，快準備行李，好早點出發。
8. 可以、應該。例如，只好如此、正好試試、**沒話好說**。
9. 置於動詞之前，表效果佳。例如，好看、好笑。
10. 嘆詞：（1）表示**稱讚或允許**的語氣。例如，好！正合我意！（2）表示**責備或不滿**的語氣。例如，好了！我已聽夠了！

你還**完好**嗎？（我想著他破碎的身體）。你與「人」**友好**嗎？（我希望他有新朋友，不會太孤單）。你**病好**了嗎？（我希望他不會再自殺）。你**好冷**嗎？（我想著他在冰庫的樣子）。你**穿好衣服**了嗎？也許我應該改口，你有好衣服穿嗎？（我想著他死前的衣服有多處破口）。你來我這兒**好辦**嗎？（我意思是，你來我這兒容易嗎？他得穿牆透壁，才進得了我的家）。你跟我說話，**以便**陪伴我嗎？（我想起他生命後期我並沒有好好陪伴他）。我不知道要有什麼效果，也沒有要**稱讚或允許**，更沒有要**責備或不滿**。

我鼓起勇氣再說一次，你好嗎？

一片靜默。我不知道他在不在。

我心中翻騰的言語，如何跟他說？他能看穿我的思緒嗎？若能的話，他應該會聽見：我很想你，因為我愛你。你過得比我好沒有關係，那真是我祈求的，但你忘了我，會讓我非常悲傷。

我不知道靈界的運作是怎麼一回事，但我們的感情並沒有因你的死亡和消失，反而因你的不在而更加確定。我希望你常來找我。也許你還小，不知道怎麼來，但請不要忘記我。

謝謝你愛我，謝謝你讓我感受到愛，謝謝你用你的生命來啟示我，我感受到被愛。就是有如此深刻的生命交流，我才忘不了你，因為我們都走進了彼此的生命。

孩子，我好想抱抱你，像小時候一樣；失去了你，我幾乎等於失去生命的全部。我將不可能再愛任何人，像愛你一樣；任何人也不可能愛我，像你愛我一般。我好想與你抱頭痛哭，失去彼此，是我們共同的失落與傷痛。

你不出聲沒關係，只要不是辭典中第八個意思——也許你**沒話好說**？只要不是這個意思就好。

我深深嘆了一口氣。

看著鏡中的自己

為什麼回到自殺的現場是這麼地陌生？

我一直忘不了自己分裂為二的畫面。看著鏡中的自己，一個英國的我，一個臺灣的我——像一對孿生的胎體，被一切為二的肉身，無法黏合。曾經，這兩個肉身中間隔著多少個海洋？臺灣海峽、印度洋、紅海、地中海、大西洋，英吉利海峽……，去哪裡找到連結肉身的黏劑？

分裂，意指「分開、割裂」，例句「東、西德在二次大戰後分裂了幾十年，終於統一」。也「特指細胞因增殖而分為兩體」，比如「細胞分裂」。正常的細胞分裂走向成長，就像你曾經在我的肚腹中十個月，然後在人間活了十二年。十二年，人間一紀、一輪、一旬。然後我們分開了，生死兩隔，永遠無法再見面，這樣的分裂要走向何處呢？

我好像掉了另一半的自己……，請問你們有看到另一個我嗎？若你在倫敦街頭看見一個心神不寧的我，請告訴我，我要尋回她，我要她回來跟我重逢，我要她才能完整，我要她才能再有圓滿的人生。我不知道是臺灣的我不見了，還是英國的我迷失了。

我是誰？是二十年前那個失去愛子、無助的母親？還是研究自殺與遺族的專業人士？這兩個都是我，但卻彼此陌生。我感覺這二十年來的成長，怎樣也黏不回去過去的我。就好像樹幹被砍斷，由旁長出的枝枒，永遠無法取代被砍斷的缺口。而你，與你的肉體分離之後，你到哪裡去了？我可以到哪裡把你找回來嗎？

我一直沒有離開，他說。

我不知道他是說他一直在我身邊，還是說他沒有離開人間。我想到希臘神話中，俊美的納西瑟斯看到水中自己的倒影，卻不知那是他自己的鏡像。那臺灣的我與英國的我，是誰看著誰？哪一個才是我？哪一個才是真正的我？也許我知道誰是主體之後，我就不一樣了。

也許你需要認識你自己。他說。

充滿陰影的地方

這句刻在雅典戴爾菲神殿上的話——「認識你自己」，自古以來是哲人致力探究的議題。經歷你自殺的痛苦，「我是誰？」已經是無意義的大哉問。這個分裂似乎是從地底冒出來的意象，大過於我所能理解，分裂帶來無比痛苦，讓我有被神懲罰的感覺，我一定是個邪惡的母親。

我的自殺跟你無關，他說。

自殺不僅在人世間是個災難，在人類的精神世界也是很大的破壞，要不世界怎麼滿目瘡痍呢？滿目瘡痍，「映入眼中的都是殘破不堪的悲涼景象」。這個世界，已經不是我所認識的世界了。我好像處在沙漠，雖然活在熟悉的台北，卻不是原來的自己，而是異類。

也許你可以來個變形記，他說。

他一直是個活潑調皮的男孩，我猜他若能長大，一定成為搞怪的人。所以我喜歡這樣有點荒誕的幽默。順著今天的感動，我想，可以把自己變成什麼呢？我喜歡魔術師，可以使無變有；老人也不錯，有智慧；小兒子雖然辛苦，可以經歷不同的人生；女巫也好，能有屬天的能力。

有人變形成蟲之後，繼續生活[7]；有人變成犀牛之後，發現身邊越來越多犀牛[8]。我心中最想的是，希望黑暗過去，重獲光明；希望整合碎裂，重獲完整；希望不要再有災難，讓身心的重建有個完滿的結局。

只是在我絕望的時候，我常想如何把自己變成不是自己，那是個充滿陰影的地方。

一道無解的習題

你是負氣自殺的嗎？

你什麼意思？

我是說你生前是否有說不出的委屈？

委屈？什麼委屈？

我曾經很想問他們，前一個晚上到底發生了什麼事。我終於提出了那個不敢問的問題。

你為什麼不敢問？

我怕他們以為我在責怪他們，我怕知道真相，我怕會有更多的自殺發生。

（沉默）

所以發生了什麼？

那對我來說，已經過去了。

所以有（委屈）？

你知道羅生門的故事，每個人會有各自的想法與說法。你想知道我為何要自殺，我知道你問了好久——你問我，問老天，問宇宙。這是一道無解的習題。

我可以不問你為什麼走上這條路，但我很難看著他們的眼睛，當作這一切沒有發生過。

馬麻，殺死我自己的是我，就這麼簡單。

我保證不會對他們說什麼，希望你能告訴我。

（沉默）

你知道這是多難消化的失落嗎？

對不起！我不是故意的，我看不到出口。他說。

我的心一陣收縮。

我也承擔不起你們任何一個人的自殺，你們彼此怪罪，彼此仇恨，彼此傷害——那是對亡者最殘酷的處罰。

不及格的人生

我有很深的羞恥感。

今天透過Zoom跟一個英國的靈修團體作靜心，看著螢幕上的名字，有些是過去的朋友。在過往的靈魂暗夜中，這些人曾經陪伴過我，那是一段寶貴的時光。相隔了三年，重新連結，不知為何自己卻非常膽怯，怕有人認出我來，在最後分享時就匆忙離開。我相信他們會很開心看到我，但我卻像含羞草，把臉遮了起來。

你是一個受傷的靈魂。他說。

是的，我的靈魂受了重傷。五年前回到臺灣時也經歷了類似的狀況，那時看到劇場的師友，我不敢向前，遠遠地保持距離，像是被逐出了伊甸園的叛徒，赤身裸體，怕被指認出來。

你的字典怎麼說「羞恥」？他好奇地問。

「羞愧恥辱」。我從人生的寶座上跌落，在陰暗的角落苟延殘喘，沒能表現出該有的水準，活出該有的模樣。

但你很認真地在面對我的離去，馬麻。

那一天我當眾被打了一巴掌，我成了罪人。我沒有臉，我不敢抬起頭，我一直變小，我不敢出聲。

自殺無罪。

我知道這個羞恥感是非理性的感受，但我無法解釋，也無法說服自己停止覺得羞恥。這是一個不及格的人生。

7 縫隙中的掙扎

我是一隻孤鳥

二十年後我覺得我的憂傷有了不同的面貌。好像那個心碎少了痛不欲生的苦，那個破裂少了黑洞的吞噬力，那個急迫少了一些力道；我好像可以面對沒有你的世界，看著你不在的這個世間，繼續過著每一天。

這是我第一次有意識地讓自己努力地活下來，努力地讓自己活得更好，盡力與失去你的狀態共處。雖然不時孤單，但我不再絕望。我接受我有著存活下來的任務，也接受時不我予，辛苦是必然的，但我不想因這些辛苦而打退堂鼓，自人間消失。

現在有很多挑戰要克服，比如我目前工作遇到人際關係的困難，讓我不知如何是好。我不知道為什麼許多人排斥我，不接受我。我猜我身上帶著憤怒的能量，無意識之間把別人推開，或者讓人不敢親近？我曾在健身房看見一個女生，老是繃著一張臉，曾經從她身上感受到些微的敵意，即使久了有點熟稔，我也不敢跟她親近。難道我變得像她那樣嗎？我也無意識之間把人推開了嗎？

我的內在有一個結痂的傷口，它讓我成為一個低調的人。我覺得我內在有一張受創的臉，這張臉沒有嘴巴，說不出任何與傷痛無關的話語。我如何像A一樣，說腳上穿的鞋子多少錢買的？如何像B一樣，利用購物來讓自己開心？如何像C一樣，津津樂道前日的大餐如何美味？不能，這些都不是我的語言，我的內在沒有這些字彙，更沒有這些句型。這張臉冷靜地看著周遭一群群的小團體，沒有歸屬的感覺；我只能隔著距離觀看這一群人。

在這裡我是一隻孤鳥，也像是一隻迷失的羊，我的鼻子嗅尋的，是友善、接納與安全。這裡沒有這些東西。這裡有的，是批判、排擠，與拒絕。我曾經是個 people's person，以交友為樂；我曾經積極地想與人建立社交連結，但那都是過去了。不過我知道自己也是個溫暖的人，我對人有感覺，我喜歡有溫度，我喜歡與人連結。雖然我成為一個緘默的人，但我不冷血，我願意相信這是個善意的人間。或許在職場上，冷漠是必然的，只因我不擅閒話家常，或者不願心口不一，因此打不進辦公室的圈圈。

我猜他人對我的緘默也不知如何是好，他們不會了解我身上帶著許多文化差異的價值，我也無法解釋。我如何跟他們說，我曾經牽著一雙信任我的手，但他不見了？如何說，我曾擁有一座花園，但被洪水沖走了？如何說，曾經走在平坦大道上，但迷路了？如何說，我從地獄走了一遭回來，卻發現身處陌生的人間？

緘默是我能做到最好的了，我不把身上的包袱打開，讓大家難堪；我不把傷口掀開，驚嚇大家；我也無法勉強自己，假裝生命中不存在發生過的事情。我只能守著與你的記憶，與你的情感，你的溫度，你的顏色，你的味道。

緘默是我面對一個曾經有你的世界，與一個你不存在的世界共處的方式。緘默是我卡在兩個世界的反應。我如何跟人說，你曾經活過，現在活在我的心中？我如何跟人說，作為一個母親，希望孩子不斷長大，而不是消失；希望孩子不斷成長，而不是死去，尤其更不是用自殺的方式離開人間。

但你終究不存在了，我只能學習接受這個事實。

我沒有力氣去打入小圈圈，存活對我來說是一件很費力的事，我想這也超過他人的理解。他們無法理解為何我不像一般人一樣，努力表現自己，努力爭取機會，讓人刮目相看。我只能任他們誤會我，論斷我，或者背對著我。我如何跟他們說，失去了你，我也失去了力量；失去了你，我也失去了勇氣；失去了你，我也失去了自己；失去了你，我也失去了世界？

不能。我已經不是過去的我了。

沒有先例可援

我好希望一切能重來，好想能看到你長大。我需要慢慢來才能跟你說再見，我需要時間才能作到分離。希望我倆的分離不是這麼驟然，不是這麼教人難捨。失去了你，才知道自己有多愛你。我發現自己根本笑不出來，我如何能微笑的面對沒有你的日子？失去了你，我也幾乎失去了全部。

我只能癱坐一旁，過去的身影不斷回來，我只能活在回憶裡，因為只有在回憶裡面才有你。我不斷地回去記憶裡面，一遍又一遍地重想，你生前活潑的樣子，與你事發當時的狀況，與自己之後經歷的種種。我與你是如此相連，無法分開，我難以活下去，你呢？是否有思念我？

除了肉體，一個生命還有什麼？他反問我。

靈、魂、體——沒有體，還有靈與魂。身、心、靈——沒有身，還有心與靈。也許有業力，或者先天帶來的習氣；也許有記憶，或者累積的經驗；也許有想望，或者對未來的期待。一個生命有許多許多無法言說，或者具體化的面向。一個生命，有對另一個生命的義務，有對另一個存在的倫理，有對另一個身分情感的需求，有對另一個關係的渴望。

我記得你喜歡跟我到咖啡廳去看書，我們享受彼此的陪伴。其實我花了很長的時間才適應母親的角色，常需要到咖啡廳去調整心情，我只想一個人，但你總有辦法找到我……

停！你這樣只是折磨你自己。他用著少有急切的口吻對我說。

我心裡想著，他的自殺折磨了我，但我說不出口。親人死了成為祖先，有了社會身體（social body）的地位，護佑後代，你呢？你變成了什麼？你的自殺，導致我們社會關係——也就是母子關係的斷裂，這份關係永遠凍結了；失去兒子的母親，我成為永遠沒有兒子的母親。

你肉體的破碎與不全，深印在我的腦海裡，你的身體多處扭曲與傷口，導致我對你社會身體的建構產生困難。為了保護內在的痛苦，我選擇孤離自己，長期處在中介階段（liminal stage），身處社會邊緣。

誰說自殺者能不能回歸祖先之列？他嘆口氣問著。

我們完全沒有先例可援，這是我所身處世界的慣例。

另一種真實

經過麵包店還是有點掙扎。架上精緻可口的糕餅，好像在呼喚我，但看了標價，還是猶豫了。

自從有了工作以後，重拾購買力，生活也逐漸上軌道。但過去被剝奪的經驗，還是常常感覺一無所有，貧窮感如影隨形。

什麼是你所失去最寶貴的東西？他說話了。

你啊，兒子，這還不清楚嗎？你是我的寶貝，但被死神帶走了。ㄜ，這樣說，這個寶貴的東西對你的意義是什麼？

你是我生命的延續，代表我的未來，失去了你，我也失去了未來。你是我與一個男人關係的結果，你的離去，代表這份關係的破裂，也代表這份連結的失敗。你讓我成為一個母親，也讓我成為一個沒有兒子的母親。

還有呢？

白髮人送黑髮人的滄桑，似乎人間沒有什麼定數。我像罪人，被逐出伊甸園之後，未曾回家，也無家可回，一輩子流離。當我的過去已成為前世，此身卻還在這一世，如何與過去的記憶相處？如何在當下每個時刻自處？如何營造此生的第二世？

的確有點沉重。也許那些糕點對你來講，不是一種真實；你活在另一種真實裡。

不管什麼真實，我只希望生活變得容易些；掙扎久了，難免嚮往自動駕駛模式的輕鬆自在。手上緊握著袋中的幾文錢，有點懊惱！

你要探究那不可思議的真實，馬麻！

我們都在自身的絕境裡

這個失落與被剝奪的經驗，是一場擾人的噩夢，我不斷掙扎，想從這個喪子的噩夢中醒來，希望可以回到過去熟悉的世界。我曾看到一隻被關在車內的蝴蝶，驚慌地在窗邊拍著翅膀，但逃不出去。我猜她順著透明的窗戶看去，雖然看到熟悉的世界，卻敏感察覺到身處異地，無路可出。

某方面我們都像這隻蝴蝶，苦難來的時候不知道要蹲在一旁等候，總是費力掙扎。他說。

就算在一旁等候，也不見得可以活命，我不客氣地回應。你不就是等不住嗎？我說好會打電話給你的，你卻不回頭地離開了。

誰知我會等多久？誰知道多久之後才有人來開門？他說。

哦，的確！在我工作的空間裡常常有昆蟲跑進來，大熱天，它們在偌大的空間中，找不到出口。它們不斷尋找出口，生命卻一點一滴流失了，直到沒有力氣尋找。每天清晨地上都可以看到幾隻發硬的屍身。生命無比脆弱，就像大雨前出現的飛蟲，輕輕一吹，翅膀就斷了，只剩下蟲狀的身體在地上蠕動，沒多久就死了。我們都在自身的絕境裡。

對不起，我不應該動氣。

沒關係，馬麻。

我知道你也受苦了，這局就算平手了。

我好希望可以伸出手跟他握手言和。

別把自己關進牢籠裡

回到臺灣第一年忙著安頓生活，忙著吃飯，忙著睡覺，忙著搞清楚東南西北。第二年，忙著與困惑共處——當時最大的議題是整合差異懸殊的次人格：一個有能力的英國女人，一個經歷創傷、很怕餓死的女人。我就像能煮出好菜的廚師，但就是找不到自己的鍋碗瓢盆，我低頭看著左右，不懂為什麼自己的能力不見了。

正當我努力要活下來時，心頭卻產生濃濃的罪惡感，我不清楚為何有這麼強烈的感受。辭典裡面沒有「罪惡感」一詞，它要我搜尋「罪」、「惡」、「感」。試試「罪惡」，它說是「違反法律、傷害他人或違背良心的行為」，說的是外在的行為。

你有著「生存者的罪惡感」（survivor guilt），馬麻。

這是尼德蘭（William Niederland）提出來的，這種罪惡感常發生在相約自殺的人身上，但為何在這時候才發生這樣的罪惡感？

也許你之前都沒有認真想活下來吧？

他說的沒錯。他死後我被命運推向一段漫長的旅程，沒有地圖可以參考，就像戳瞎自己雙眼的伊底帕斯王，看不到終點，沿途的景色迴異他自殺前的人生。

你與「罪」（sin），與「惡」（evil）都沒有關聯，馬麻，你值得好好活著。

我覺得我的手上染血，你的自殺我得負最大的責任。我是……殺人兇手。

（沉默）

死的人應該是我，你有權擁有你該有的未來。

他沉默許久。

別把自己關進牢籠裡，馬麻，我沒有選擇生命，那是我的失敗，不是你的。

終究得回到人間

也許我習慣了地下道的陰暗，回到一個不屬於自己的世界，面對一片廢墟，不知從何下手，有恍如隔世之感。

但你終究得回到人間，馬麻。

我不情願地活著，但我不想說出來。雖然自殺是他的選擇，但我不希望我的哀傷、破碎、痛苦，成為他的負擔。我也不想指責他，雖然我生氣他不給我機會，生氣他放棄了我，放棄了我們的母子關係。

我不知道活著要做什麼。我把底層的無助說了出來。

地下道是幽冥的世界，你不屬於這裡。他說。

我待在這裡不礙事，從沒看見有人經過。

你要放逐自己到幾時？

我完全沒有想法，我只是憑著感覺走。

他看著我，俯身抓取一把塵土，放在我的手中。

把這土撒在你的花園。

這是什麼？

那是我，把我帶回地面上，馬麻。

自殺是人的選擇

有一個婦人失去了孩子，傷心欲絕，希望佛陀可以拯救她的孩子。佛陀願意幫助她，但要她去找一個從來沒有死過人的家，要到七顆芥子來做藥就可以救活她的孩子。當然，沒有一個家中沒有死過人，她也逐漸接受失落是一個普遍的現象。

我不是世界上第一個自殺的人，也不會是最後一個，他說。

歷史上第一個自殺的人是誰呢？這是個博士題目，等待有緣人去研究。而每天都還有人自殺，怎麼辦呢？人間充滿著苦難，大家都在了解苦難的來源，尋找解決痛苦的方法。

苦難使人成長。

這有點像在喊口號，不太像你的性格。而且，我寧可不要成長，也不要經歷失去你的苦難；我寧可做個平庸的人，也不要被冥火焚燒。

就算沒有失落我的苦難，你也會有其他的苦難。

我覺得一個孩子說這些話，有點過分，尤其我是那個被遺棄的母親。雖然自殺排列在人類死因之中，但我沒得選擇而成為自殺者遺族，這是我的命運嗎？

神在哪裡

你要跳樓之前，神在哪裡？你有遇見祂嗎？

我知道我跟神需要和解。這個倖存經驗的痛苦，長久以來，讓我覺得神在處罰我。在我意識的某個角落，我問著，是我不好嗎？我做錯了什麼嗎？祂為何這個嚴苛地處罰我？

神，那時候祢在哪裡？祢是否也有祢的陰暗面？9

我等著神親自對我說話，但我等到的是一片空白。經歷了這個苦難，我不確定神是否完全認識祂自己，祂是否也有祂的無意識，在人間苦難的現場，祂是否也忘了祂的全知全能？

人們總是把未知投射到神的身上——這個世界成為有靈的空間，但人常把過多的責任歸咎到神的身上。他說。

什麼是我的責任？什麼是神的責任？

（沉默）

我需要跟神面對面說個清楚。

人類對神的想像，豐富了人間的厚度，但神不需要為個人的行為負責。他說。

你是說，人間的苦難跟神沒有關係？

那要看你跟神立下的是什麼契約，馬麻。

這一段話講跟沒講一樣，我在原地打轉，一樣地困惑。所以你要跳樓之前，神在哪裡？你有遇見祂嗎？

我等著，等到的卻是漫長的沉默。

沒有人做錯什麼

我常常禱告，向神乞求指引我方向，我像一艘迷失的船，在大海中漂浮。痛苦與憂鬱常把我拉入黑暗的谷底。雖然經過多年的心理治療，我已能與這個創傷失落共處，但我不了解為何我得經歷破碎的苦楚，為何得被如此的懲罰。

當喪子痛苦的風浪又起時，我向神乞求，讓我感受到祂的愛與同在。然後我一次又一次地，祈求祂療癒我的傷口。我乞求神的原諒，我沒有扮演好母親的角色，我不夠強壯來支持兒子，協助他度過痛苦，甚至可能加重他生前的痛苦，我是個殺人兇手，我是個罪人。

你只是代罪羔羊，馬麻。

他這樣說出乎我意料之外。

你承接許多沉重的罪名，然後把它們扛在頭上。

我不知道這是自己無意識的行為。

你是自殺的受害者。

「等等！」我叫出聲。這些思緒太弔詭，像颶風一樣，吹得我一陣暈眩。

你會自殺，一定是我做錯了什麼；別人指責我的時候，我完全無法辯解。

無須辯解，沒有人做錯什麼。他說。

為什麼我會同意他們的指責？這個罪咎感無聲無息地環繞著我的世界，好像空氣一樣的自然。所以我除了感覺對不起你之外，還吸收了集體人類因著對自殺的恐懼所投射出來的情感？

也許他們指責了你之後，就覺得自己是乾淨的，世界也恢復了平安。

面對那些指責，我只能把心關起來，因為難以承受。

不要認同那些陰影，馬麻。那些指責你的人，不知道自己在做什麼。

你原諒我嗎？孩子？

抱歉讓你受苦了，馬麻；我們之間沒有誰原諒誰這件事。

我們的黑暗面

我要跟你道歉，我曾經在極端憤怒之下，有過這樣的想法：若知道你會自殺，我寧可在你出生的時候就把你掐死。

謝謝你的誠實，馬麻。

這個想法極度黑暗。但是我認為你的生命是我給你的，你沒有權利拿走。

我的自殺傷了你很深。

你的自殺曾經可以殺死我，我還活著算是奇蹟。十二歲，你尚未成年，你還不能自作主張。

我也曾經想要炸掉全世界。他說。

他的回答震醒了我。是啊，我們都有自身的黑暗面；生命賜給我們活力，也賜給我們毀滅的潛能。

你的暴怒呢？馬麻。

她是個黑暗的母親，也是死神。我與她相敬如賓／冰。

你要面對你的陰影，你要對她心存善念，馬麻。死神不再手持鐮刀，身穿黑衣，她有可能是善心的菩薩。

最大的遺憾

回來臺灣以後，我很努力重建自己的世界。「重建再重建」是我的口號，因為我的世界好像是建立在流沙之上，永遠「施工中」，沒有完工的一天。在我的人格結構的某些地方，有著破口，生命的水流在虛空中流竄消失。

馬麻，你要不要檢視一下你的衣櫥？

我知道他是在說史奈德曼的一句名言：「自殺者將他的心理骸骨放在遺族的情感櫥櫃裡，他宣判遺族去處理諸多負面感受，尤有甚者，遺族思忖著，自己是否導致了自殺的發生，或者沒有防止自殺的發生，種種執念在心中縈繞。」

二十年了，我的議題已經與初期急性哀傷的不同了。

馬麻，這是一段艱辛的歷程。

是的，我能活到今天，要感謝很多人，但你的死亡是我最不想感謝的。

（沉默）

你的自殺是我生命中最大的遺憾。

（沉默）

我不希望你難過，孩子，但那是我真實的感受，這個復原的歷程我得走一輩子。

（沉默）

就在我起身，準備拉上衣櫥的門，我聽到他說：「那樣離開你，也是我最大的遺憾。」

創傷轉變成負傷

我在鯨魚的肚子裡，一切無序，彷若太初，唯一心繫我身／生的，是與你共處的十二年記憶。你跟著我到我的博士班，我讀著榮格，採訪其他的遺族，對於其他我都沒有興趣。

你失落了「慾望」（desire），馬麻。

慾望，辭典說「情慾，對情感的需求」，不太對，國小學生知道情慾是什麼了嗎？我看著他靦腆的畢業照，他若長大，會是個酷酷的少年，應該會有很多女生追求。他會愛上什麼樣的女生？或者男生？佛洛伊德把許多心理問題都歸到性慾（sexuality）上，但慾望也包含非性的（non-sexual）部分，比如will，意志力。Will什麼呢？最常聽見的Will to power，並不適合我。

當人走到生死邊緣的時候，一切抽象的名詞都沒有意義。

也許經歷了巨大的破碎，我不知道可欲之物是什麼，自己還值得任何人事物嗎？有資格追求什麼嗎？有資格要什麼嗎？沒有，只剩下意義！那是我唯一不能失去的——「接受你的自殺」成了我唯一的意義，這段歷程幫助我消化著你的自殺。

你也是在這時候認識了沒手沒腳的胡哲（Nick Vujicic），他在《人生不設限》（*Life Without Limits*）說，「你現在也許看不到出路，但不表示沒有。」

他差點成為你的朋友，在年輕時遭受霸凌，曾經嘗試過自殺。跟他比起來，我真的汗顏——看著他充滿生命力的臉龐，還有那鏗鏘有力的演講，我知道我經歷的其實沒有什麼。我只能忠於自己的情感，弔念你的離去。我什麼都不想做，我只想知道為什麼——人為什麼死，人為什麼活。後來接受找不到（你）「為什麼自殺」，議題轉變為（我）「如何活下來」。

你努力地在建立秩序，馬麻。

在創世紀裡，神用話語創造天地，祂在渾沌之中，建立了基督徒的信仰世界。我覺得「重新」建立秩序好難，因為我們有著前世（自殺之前）的版本，只希望今生（自殺之後）一切能夠恢復成像以前一樣，但永遠不可能。在人類慾望的文明歷程中，我們成為吊車尾的一群；許多遺族在人生的競賽中退出，逐漸成為背景。我頂多是一跛一跛的浪士。

沒關係，你就像參加「帕運」（Paralympics）的勇士，你的「負傷」（woundedness）是你的冠冕。

勇士不敢說。我受創（traumatized）的疤痕不會不見，這個疤痕成為我永遠的記號，就姑且稱自己為「負傷的遺族」（wounded survivor）吧！

當創傷轉變成負傷之後，黑暗就少了吞噬的力量。

作為負傷的遺族，這個世界不再是由阿波羅神所獨占，而是與酒神共享；黑暗不再是敵人，而是我的朋友。我要在這塊地土重獲我的生命力，我要欲望更有價值的人事物。

馬麻，你正在為自己打造了一座城堡，你的血汗不會白流，你將成為其中的皇后。

看著星星

她們要去莫斯科，莫斯科是她們的夢想，口口聲聲說要去卻去不了[10]。每個人都有一個莫斯科。莫斯科就是每個人的命運，每個人到達的方式也不一樣，有人平順，有人崎嶇，有人一輩子也去不了。然而，莫斯科只成為她們口中的咒語，而不是真正的故鄉。

馬麻，你可以把腳下這片土地變成莫斯科。

臺灣？他不知道我經歷嚴重的反文化衝擊，覺得自己是異鄉人。當故鄉變異鄉，花園變廢墟，全人變廢人的時候，一切希望看起來都很可笑。我哪裡都不想去，我這樣回答，看他怎麼接招。我猜他會沒轍了。

重要的是不要放棄。

口號又來了！這些沸沸揚揚的口號只是靈魂的鴉片。

以毒攻毒，馬麻。

邪惡會不斷分泌體液——教人內在騷動的黏液。我的病，人間的藥草對我不起作用，得用毒藥來終結生命的創傷？我的內在深處有一塊被陰影給占據，充滿妖魔鬼怪。

面對邪惡，不可以客氣。他說。

說真的，我也別無選擇，若決定要活下來的話，就像《三姊妹》裡面的每個人。

看向遠方，看著星星，記住目標，即使迷失在遠方叢林裡。加油！馬麻。

8 新的秩序

愛瑞雅妮的線球[11]

自殺情結像一座迷宮，迷宮深處有一隻怪物，不時要人們進貢禮物；她不要一般的禮物，而是要有血有肉的生命物。我曾說過每個人都有自殺情結，只是顯性或者隱性。經歷孩子的自殺後，我的隱性情結已經成為顯性，而且不會逆轉了。

你可以準備愛瑞雅妮的線球（Ariadne's thread），在進入迷宮之前，把線球一端繫在門口的把手上，一端放在自己的口袋裡，一路行走一路放線進入迷宮。

他跟我說起故事，我喜歡。

小時候，我每天都講床邊故事陪伴你入睡，我滿懷念你小時候的純真。我要像英雄一樣把怪物給殺了嗎？要如何平息那個怪物呢？如何讓她不再嗜血？我要怎樣才能全身而退？

把她當成我，像愛我一樣地愛她。

愛你是很自然的事情，你出生後那個愛就在那邊。但這個怪獸我不太認識，我只知道她不時會吼叫，狂叫的聲音震動天地，讓人害怕。我好想逃開，把這個迷宮埋在地底。

埋在地底像個未爆彈？你覺得心安嗎？

兒子反問我。

你要唱著歌，專注在呼吸上，等怪物現身。你要如如不動，她自然會告訴
你她要什麼。

她伸出利爪要吃我怎麼辦？

不要隨之起舞，那只是幻影，讓她穿越你。

我狐疑他為什麼知道這些。反問他，那你的自殺情結呢？

在天神的手中。他說。

我希望你不會再自殺。有一種靈性的理論，說自殺的人會重複自殺，直到永生。這個理論讓我很沉重。

那是我的事情，馬麻。你要關注的，是你的問題，而不是我，我已經死了。

朝九晚五，朝生暮死

為了求生存，我在一家小學上班，作行政幹事，成了一個死公務人員。我不是要污辱公務人員，但我一直有一種死掉的感覺，不太確定自己是誰，也不知道為何生活變成蒼白的光景。這種模糊的感覺，自從英國回來之後，持續許多年。

校園內「種」有蝴蝶蘭，其實說「種」不太真切，因為它們寄宿在樹上。我想到人開刀後縫合的傷口，經過一段歲月後就復合；就算骨折了，在石膏的包覆支撐下，也能恢復骨骼應有的功能。但心靈的破碎要如何黏合呢？

你的自殺是一個決然的事件，在我的生命中造成巨大的斷裂，裂痕有多深？無法估計，幾乎是深不見底，那個你自殺前的我，與自殺後的我截然不同，兩個人像是失散多年的骨肉，相見不相識；自己成為陌生人，難以理解。

青春離鄉老大回，面容全改眼力衰。自我相見不相識，涕問己歸從何處。

狄米特失去了女神的地位，化身為保母，在角落殘喘活著。女神與保母的生活有天壤之別，突然我似乎懂了她一些。她不是不管農事，而是創傷太深根本管不起；她的生命龜裂但未完全崩塌，要生不能，要死不行，因為孩子的屍骨尚未尋獲，她在歹活著。神祇所有的（超）能力她都失去了，她無法叫萬物生長，不能叫地土豐收，更別提要主掌生死的循環了。她得用最簡單的方式活著，在地表上最底層的地方。在他人眼光看來，那是最不費力的存活方式，卻是她僅存的能量所能負擔。

半夜她用火烤著他人的孩子，希望讓他獲得永生，因為暗夜中她的靈魂波濤洶湧，被剝奪的憤怒讓她無法安息。她想藉由創造永生的小孩，來重獲失落的女兒；她想透過操練永生的技術，來掌握失落的能力；白天屈就於意識層面的生活，在暗夜中她要戰勝死亡。

我領悟到自己像狄米特一樣，從世界的寶座上跌落，掉到一個自己不知道的地方。雖然我已放下找尋你與你自殺的理由，但在破碎之中，連要活下來都是一件大工程，只能從最簡單的地方開始——朝九晚五，朝生暮死。

旅英八年的經驗與成長，在保母的世界完全無用。知識無用，博士無用。

馬麻，我希望有一天你能找回你女神的寶座，希望有一天你能重畫生命的疆界。他說。

沿著縫隙而行

我其實知道迷宮裡的怪獸是我自己，但她已經面目全非。

神話裡面，米諾陶洛斯是人與公牛交配的產物，因為羞恥的交合，被放置在迷宮裡，不能見天日。神話裡面提修斯殺了怪獸，真是個誤會，怪獸只想要被接受，以他本來的面目被接受與認可。

詩人錯待了Minotaur。他說。

我也有一隻Minotaur，她的出生不是她的錯，我一直在找出路，一直在等待提修斯的出現。其實我連自己怎麼變成怪物的都不清楚，只知道有一天醒來，發現自己的世界是由破碎的鏡子所組成。四面八方都是鏡子——破碎的鏡子。在這樣碎裂的世界裡，分不清楚東西南北，每踏出一步，就撞到自己。

我成了四隻腳的動物，只能貼地而行，匍匐才能前進。在這樣的迷宮裡，即使點上蠟燭，也找不到方向，因為所看出去的，是無數的蠟燭，無數的指引；無數的方向，等於沒有方向。

我只能在暗夜時刻，看清楚玻璃與地板的縫隙，沿著縫隙而行。原來，她就是那個被卡在自殺現場的自己，那個「自殺發生之前」的我，那個破碎不堪的我。

安身之處

馬麻，你有沒有想過為何命運把你帶回到臺灣來？

當時一想到要回來，就非常害怕，因為回臺灣對我來說，是回到那個自殺現場——你躺在地上，全身破碎……，我仍舊不知道怎麼面對，我只能跌坐在地上哭泣。世界上只剩下你的屍體和我的悲傷。

還有呢？

中年重新開始總是很難的啊！

你博士剛畢業的時候，想離我遠遠的，你想要一個沒有自殺的人生。

我以為能把那個博士讀完，就能活下來，誰知道挑戰才真正開始呢！

你一直在建構這個失落對你的意義，雖然你曾經痛不欲生。

當初離開臺灣，因為覺得在臺灣的生命結束了，到英國重新開始，我的生命力尋找另一個時空繼續活著。現在回來，好像回到自己的前世，既熟悉卻陌生，很難描述的經驗，一切是那麼熟悉，但完全不同了。這是一個不同的世代，我必須贏回生命。我不是想把你推到我的生命之外，但希望可以丟掉那個痛苦。

現在呢？

原來離開臺灣，去了英國，是為了能夠再回來。我想這就是我的命運吧？你能理解嗎？我逃不了靈魂的召喚，我試過逃跑，終究沒辦法……，你的自殺改寫了我的歷史。

恭喜你，馬麻，你終於從睡夢中醒來，真實地面對自己。謝謝你在心中為我立了一個墓碑，正視我的安身之處。

溫柔地對待脆弱

今天是學校的畢業典禮，是六年級生在校的最後一天，空氣中充滿了興奮跳動與青春活力。我躲在角落，怕別人看見我的脆弱。

二十年前的今天，你走出校門，等著上國中。你在畢業典禮上一定很孤單。

你怎麼知道？

你將離開你熟悉的小學環境，你的老師，你的同學，那曾經是支撐你的結構。

（沉默）

我曾經在網路上搜尋你的導師，他還在那個學校，照片裡被許多學生圍繞著。

（沉默）

那時候我們有交談，我還記得他疲倦受創的臉，他是個年輕老師。不知他怎麼倖存過來的？不知他記不記得你？我竟然在搜尋有沒有你們那一屆的照片。

（沉默）

我在角落裡，聽到畢業的六年級生走下台階，所有的人都鼓掌拍手。我好想哭，我不敢走出去。

馬麻，我喜歡你溫柔地對待自己的脆弱。

脆弱，辭典解釋為「不堅固的」，「禁不起打擊的」。例句「再堅強的人，也有情感脆弱的一面」。一般人都把「脆弱」與「堅強」作對比，但經歷你的自殺之後，脆弱成為我的常態。

能自在地表達脆弱，也是一種堅強。他說。

也許吧！我希望我脆弱（vulnerable）但不軟弱（weak），只是有時很難分得清楚。

馬麻，這是一段鍛鍊的旅程，你的勇敢會帶你找到幸福，你要跟著他走下去。

一直走下去就對了

我有時很脆弱，有時很勇敢，到底哪個是我？

也許兩個都是你。他說。

我記得布雷希特劇作《勇氣媽媽》12。勇氣媽媽拉著她的大篷車，在炮火連天的地方，做著自己的小生意。聰明的她以為只要戰爭不結束，就可以養活自己和一家人。她的另一個任務就是保護好三個孩子，不讓他們遭受不幸。但殘酷的戰爭沒有眼睛，三個孩子都喪命於戰爭。

布萊希特通過人物的刻畫，表現了個人的道德在非常時期完全沒有無用。你從這個作品領悟到什麼嗎？他問。

我不知道。雖然戰爭與動亂不能摧毀人的生存意志，也打擊不了人們自力更生的精神，或許也不會削減他們對孩子們的愛，但勇氣媽媽永遠沒有學到任何東西，從來沒有經歷過省悟或頓悟。我不知道為何說起這齣戲，我惦記的是如何「勇敢」，當初我也想過要好好保護我的孩子。

就是想辦法讓自己活下來，馬麻。

問題是如何活。

劇作家難免用他的作品在說教（didactic），不管別人如何看待勇氣母親，一直走下去就對了。

想念是一種成癮

現在我的任務是如何在你不在的世間活著，而且要活得更好。

Bingo！他不期然的發出聲音。

我沒想到他會說英文。你還記得你的英文名字嗎？

他沒回應。他小時候，很湊巧的，跟哥哥的英文名字是我和他爸爸的英文名字後面加個「son」。可以在後面加「兒子」的英文不少，比如Peter, Peterson, Robin, Robinson, Richard, Richardson……。一看就知道是誰的孩子。

那時他喜歡電玩裡的一個人物，英文名字叫Zero，傑洛。他死後我常想起這個名字，零，什麼都沒有。歸零，一切歸於無有，滿符合他短暫的人生。經歷了哀傷的急性反應，我已經接受了這輩子再也不會遇見你，這個失落成為我生命的一部分。我試圖跟他對話。

你是說那是不幸中的大幸嗎？

你這個比喻不太對，尤其比例上失焦了——失去你是我生命中最大的不幸，這個經驗成為我的一部分，只能算是僥倖。

幸與不幸的二分法則，是人類的產物，他說。

你不也是人類嗎？我話一出，就知道出了語病。你曾經也是人類啊！

是的，馬麻，你不覺得你想念我過頭了嗎？我活了十二年，你傷心了二十年，你還有多少二十年？

我撥弄手指算算，中年尾聲的我，若大幸的話，也許還有兩個二十年。

是啊，你不覺得你的想念是一種成癮嗎？

我從沒這麼想過，但若他說的有部分真實的話，在這成癮背後，所需填滿的是什麼呢？我希望這一切都沒有發生，但發生了；我希望他還活在人間，但他死了；我希望可以重新開始，但不可能了。我用憂鬱弔念他的自殺，用眼淚累積心中的愛，用哀傷來紀念他的到訪。所需填滿的是，希望、生命、完整、喜樂。

不要太想我，馬麻。他說。

專注第二個人生

很難不要想你，兒子。你在我生命中占有很重要的位置。雖然你只存在十二年的時間，但你的自殺在我的生命卻遺留更多的痕跡。在這重建的歷程，我得從破碎逐漸走向完整，從分裂走向整合，從失落走向接受。我從壯年走到中年，這是你帶給我的禮物。

馬麻，你要專注第二個人生，你不是在問如何營造此生的第二世嗎？

一般人走入第二個人生的時候，已累積四十年的成就，才能由外在轉向內在探索，才得以把價值順序調整到存有的層次，但我的第二世是從陰間歸返，接續被切斷的前世，我的外在一片荒蕪，內在一片狼藉，

你不是唯一的自殺者遺族，馬麻。

我不是第一個，也不會是最後一個，這個世間每四十秒就有人自殺，我們要怎麼活下去？

找一個神燈來。

他這無厘頭的回應讓我眼睛一亮。神燈？

對！我要你活不下去的時候，搓搓這個神燈，我就跑出來。

哦，阿拉丁的故事，阿拉丁不是遺族啊！

我要你活不下去的時候，告訴我你的夢想。
我要你活不下去的時候，告訴我你的渴望。
我要你活不下去的時候，告訴我你這輩子還想做的事情。

他這三聯句說得鏗鏘有聲。他是個有創意的靈魂，我的思緒未了，他接著說：

我要你活不下去的時候，把痛苦交給我。
我要你活不下去的時候，把破碎交給我。
我要你活不下去的時候，把絕望交給我。

這次可成對聯了。

我還是希望他活著，我們可以接續這樣的遊戲。

日子還是得一天一天地過

這天我走在路上，想著自己八十歲的時候會是什麼樣的心情，突然覺得這輩子還有好久好久，沒有你的生活很孤單。當我八十歲，也就是你死去四十二年，你若活著，是五十四歲的人，跟我現在差不多。

聽起來滿沉重的。

你會一直活在我的心中，但我不想成為憂鬱的老人。

很好的想法啊，馬麻。

我走到公車站牌，有個老媽媽也在等車。我想像老去的時候，逐漸失去活力，拖著痀僂的身形，從東走到西，從南遊到北，日子還是得一天一天地過。那時候我的哀傷會是什麼模樣？

也許那時候你就可以比較釋懷了。

當初懷你的時候，經歷一段很快樂的時光，你帶給我許多快樂。

也許你會想成為優雅的老人。他說。

我希望那時候能夠準備好再次跟你相見，還希望能跟你說，孩子，我很努力度過每一個沒有你的日子。

我們沒有完成這件事

這一段與他的對話，是我自己想像出來的嗎？還是真實的？透過這個對話空間，我試圖捕捉他的聲音，挽留他的身影，延續我們的關係。他是否被迫在我的世界中「活著」？我還有未完成的議題，我希望有個了結。與Good enough類似的概念，我想要有個resolved enough issues，了結所有該了結的議題。

你心中有什麼祕密嗎？我想著青春期的孩子，總有不願告訴母親的祕密。那時他已經有性別意識了，當我望著躺在床上的他，他會轉身，而不像小小男孩般迎向我。我猜他也感受到慾望了。

你是說我死前還是死後？他問。

在你死前和死後的那個縫隙……。你有帶著什麼祕密離開人間嗎？我想著人死之前，最想的是跟親人交代後事，他死得匆忙，我們沒有完成這件事。

這個問題已經不重要了。他說。

我想知道……。這對我很重要，帶著祕密死去是一件沉重與孤單的事。

我的祕密在死的當時被鎖在天地的縫隙裡了。他說。

那怎麼辦？我有點想哭，我想為他做這最後一件事。

馬麻，就算當時有什麼祕密，也是過去式了！

9 最後一哩路

在不管農事的那段時間，狄米特隱姓埋名去當別人家的保母，雖然外在脈絡改變了，但自我持續運作，讓她可以重獲（reclaim）女兒回到人間幾個月，與她團圓，讓失落得以擁有並加以轉化，成為身分認同的一部分。處在在失落與團圓的循環當中，就這樣年復一年。狄米特的年歲日增，她逐漸體會到：

凡事都有定期，天下萬務都有定時。
生有時，死有時；栽種有時，拔出所栽種的也有時；
殺戮有時，醫治有時；拆毀有時，建造有時；

哭有時，笑有時；哀慟有時，跳舞有時；
拋擲石頭有時，堆聚石頭有時；懷抱有時，不懷抱有時；
尋找有時，失落有時；保守有時，捨棄有時；
撕裂有時，縫補有時；靜默有時，言語有時；
喜愛有時，恨惡有時；爭戰有時，和好有時。（傳道書3：1-8）

每個死亡都適得其所

我買了房子了。在失去花園多年之後，這樣的斬獲在我重建破碎的生命旅程，是個關鍵性的發展，我重獲少有的自豪。我把他的照片拿出來，放在我的空間裡，感覺很自然。他是我生命的一部分，我們母子的血緣因著他的自殺結束了，但我們的情緣依舊延續。照片中他手裡抱著一個玩偶，有著兒童的清純，和生命自足的完滿。他笑臉看著我，我還是遺憾他是個早死的生命。

每個死亡都適得其所。

我有些驚訝，沒有想到他會說話。每個死亡都適得其所？不，自殺完全不是適得其所，它是歹死、壞死、早死；我無法接受這個想法。

好，自殺是歹死、壞死、早死，如果你堅持如此定義的話。

他的口氣有著少有的堅定，一時之間我不知說些什麼。在失去他的前幾年，哀傷的論述與自殺的理論幫助我理解這個失落的經驗，但十年過去了，第二個十年也過去了，我想重建一切——我的經濟，我的健康，我的生活，我的靈魂。這個曾經可以殺死我的失落經驗，我擁抱她，但我的生命是否還可以有些什麼？

對於即將到來的晚年，深切感受到自己不再年輕，我不想要把這憂鬱帶到晚年，我想要有些色彩，用歡樂取代過去的哀傷，買了這個房子是第一步。我想著，若自殺沒有親炙我們家的話，兒子今天會是三十歲的男人，也許他會帶著伴侶來看我，或者在年節時，來我家聚聚。你有新家嗎？孩子？

雖然這樣說，我其實不知道要如何面對他給的答案。他若說有，新的家在哪裡？有些什麼人？新的媽媽是誰？……。我忍不住嘆息；懷胎十月生的，永遠是自己的孩子。若說沒有，那這二十年他住哪裡？

心，才是我們真正的居所。他說。

是的，自從他死後，我的手足輪流接濟我；失落了他，我也失落了家，成了無家可歸的人。去了英國，回到臺灣，一直在找個安身的居所，我常像一隻地下道的老鼠，在陰暗的世界中殘喘。一個人要能活過家的破碎，不是容易的事，像那些帶殼的蝸牛，失去了殼是最危險的時候。

我外表看似活過哀傷急性期的危險，但內心長期為著沒有家而痛苦。家，是個體最基本的屏障，不管外面風雨如何，回到家就是回到安全的堡壘。從遊民成為有殼的蝸牛，我慢慢有了伸出觸角的勇氣。儘管爬得很慢，但蝸牛是埋頭苦幹的生物，你一不注意，她可以從門前爬到門後。

馬麻，你可以重新定義這段經驗，一切操之在你。

我的身分認同

在英國經驗到同儕支持團體，是開放式團體，由資深遺族帶領，成員可以自由分享。我感受到遺族之間有深層的連結，我們不用多說什麼，就可以理解對方所經驗的歷程。第一次坐在那裡，自我介紹時，得花很大的力氣才說出你的名字。你的名字一度成了泰山，要說出是那麼難，但我堅持要說，因為只有在那裡我才能把你召喚出來。每個遺族都帶著亡者來到這個團體。

我們也有我們的圈圈。他說。

是像戒酒團體一樣，同是天涯淪落人的歸處嗎？

差不多。

你們都聊些什麼？我好奇地問。

不是只有生者有失落，亡者也有。我們也只能對自己的議題負責。

想想滿合理的。以能量不滅定律來看，人死後可能變成另一種形式的存在，雖然我不知道那是什麼狀態。我接著說，我帶著深刻的身分認同回來臺灣，我選擇出櫃，我不要再躲藏，但是我對於自殺仍被污名化感到生氣。自殺已經除罪化，但仍被污名。污名，「惡名、不好的名聲」。例句「通常是善名無人知，污名傳天下」。由此看來，污名常與「善」相對，也與「好」相對，就像「對」與「錯」一樣，是分立兩極的狀態。你已經承受那麼多痛苦，我無法接受別人說你「錯」或「不好」，或者「逃避」，「軟弱」。

還好我不用被釘在馬路中間。

幾百年前歐洲是這麼對待自殺者的遺體，怕你們的幽靈回頭影響我們。還好我們不用被罰錢，也不用看著你的遺體被拖過馬路。人好害怕自殺，因而想出這種方法壓抑自殺，讓活著的人深以為恥，連教會墓園都拒絕埋葬自殺而死的人。想想，生者不能看著心愛的亡者有個合理的葬禮，心中的傷痛何時才能完結？精神醫學發達之後，自殺又與精神疾病畫上等號，是另一種污名化。

你帶著被污名化的標籤，馬麻。

遺族懷抱著羞恥感，一方面也來自社會對自殺抱持負面的看法。遺族是我的身分認同，我沒有錯，即使有人會指指點點，或者排拒我。

要伸張自已的社會正義，是另一場爭戰，你得付出代價，馬麻。

我不怕。若我能活出這個失落，沒有什麼可以難倒我的。我還活著，這是我的第二個人生，我不願一輩子帶著這個誤會。

人誤會了自殺。

人誤會了自殺者。
人誤會了自殺者遺族。

我一口氣說出了這三聯句。

謝謝你與我站在一起，馬麻，謝謝你沒有以我為恥。

謝謝你來當我的孩子

我不想忘了你，怕你有被背叛的感覺。

我知道你不會忘了我，不管你做什麼，我一直在你心底的深處。

我得承認他滿了解我的。在中陰四十九天中，他是我手中捧著的珍寶，我一心一意只想著助念，如何幫助他走上幽冥的旅程。真正再回到這個人間，是完成博士學位回到臺灣以後的事情。我也覺得對不起孩子生命的消逝，不管我走到哪裡，這個傷痛一直在我的肩上，無意間我散發出沉重的能量。

你要原諒自己，馬麻。

原諒，「寬恕諒解」，例句「老師原諒我的無禮，使我感激不已」，顯然這個造句是給小孩子看的。我說，原諒我的無知，原諒我的疏忽，原諒我的失職。

那不是你的錯，馬麻。雖然我不在人間，但我在你的生命當中，謝謝你惦記著我。

我彷彿可以看見他的身影，他的眼睛，原來死去的人也會看著我們。

那是我的選擇。

我沒想到十二歲的小孩可以選擇自己的死亡……。謝謝你來當我的孩子。

My honor!

當他說英文的時候，我笑了，因為旅居英國期間，生命有新的開展，所以我接觸到英文的時候，就與這個新生命的感覺連結。我也謝謝他選擇我作為他的母親。也許在英國某種程度的修復，讓我得以回來面對自己的過去，將之納入生命的肌理。

馬麻，我是來說再見的。

我從漂浮之中醒了過來，再見？你要去哪裡？

再見，「再相見。亦為臨別時的客套語」，例句「你這一去，不知何時才能再見？」二十年前，你選擇自己的死亡，我們不能**再相見**；現在你這一去，我們**何時才能再見**？

我想要自由地來去；自由地來，自由地走。

我的思念成為你的負擔了？

有時候。他說。

哦，好，我的確哭太多，思念過頭了。

馬麻，我等著看你的花園綻放出美麗的花朵。

作語言的主人

我把過去的筆記拿出來，想好好整理一下。這些記錄孩子生前的記憶與死後的失落歷程，好像自己的一部分，要丟棄，像被刀割一樣地痛。但我告訴自己，夠久了，許多紙張已經泛黃。

那是記憶泛黃的面容。他出其不意地出現。

重新閱讀，覺得沉重無比，我只能選擇快快讀過，擷取那些對自己還有意義的段落。

你還想從其中捕捉到什麼嗎？馬麻。

我想捕捉你的身影，你的聲音，你的笑容，你的頑皮，你的純真，你的陪伴，你的……，我尚未說完，他打斷了我。

一份無止境的清單。

是的，我有點汗顏，真的很多。不過，昨天我嘗試把部分的筆記丟到資源回收桶裡。一開始有點戰戰兢兢，好像資源回收桶會吃人的樣子，從它旁邊走過的時候，我總是很小心，覺得裡面好像有魔爪，隨時會把我抓到地底下。我丟了一張……，沒事，第二張，地球還在，第三張，我還活著。

有點誇張。他說。

你不懂。你不知道我失去的是什麼，你不知道我付出了多少代價。我不希望他在我軟弱的時候，在我傷口上灑鹽。我繼續說，就算你跟我角色交換，你能體會到的跟我真實經驗無法相比。

把鏡頭拉遠看，馬麻。

我知道二十年的記憶比起地球千年的生命，不算什麼，但我只能用自己的速度去走這段路。這些筆記有我經驗的痕跡，有我真實的記錄。

再怎麼真實的記錄，還是copy啊，馬麻。你已經擁有真實的經驗了，那才是正本。copy看起來與正本一樣，但不是就是不是。真理只有一個。

他說這些話的時候好像在背誦，十二歲的他應該還不懂哲學，我還沒準備好跟他進行蘇格拉底式的對話。記得他曾經擺出一個沉思者的姿態，右肘支在左膝上，手背頂著下巴和嘴唇，目光朝下，陷入深思，有種假裝嚴肅的可愛。我想他也許已經不是十二歲的模樣，我趕緊收起母親的傲慢。

我知道真理有很多版本，那是學術研究提出來的論述，但在我的失落經驗裡，它是絕對的，唯一的，無人可以取代。

你賦予了這個失落經驗過多的神聖性。

你無權評論我的經驗，因為你是outsider。我丟出一塊大石頭，想要他閉嘴。

你要作語言的主人，而不是奴隸，馬麻。你要將這些問號轉換為冒號，開啟生命的樂章。

那時哀傷像個關不緊的水龍頭

我銷毀了更多的筆記。

這些筆記跟著我許多年了，有些筆記我甚至忘了在什麼狀況寫的，當初這個書寫乘載了我的哀傷，讓我有抒發的管道。那時哀傷像個關不緊的水龍頭，淚水一直流，天天流。

你從我死後那天開始寫，有時一天寫好幾次，還標上時間。

你知道？那你對於我那關不了的水龍頭有什麼話要說嗎？

我知道你愛我，馬麻。

當時我有無盡的悔恨，不能原諒自己。我一直在求神明的原諒，一直在跟你道歉，覺得得跟全世界道歉才行，認為你會自殺都是自己的錯。

現在呢？

我接受那是你的選擇，但偶爾還是會進入那個破碎的時刻，依舊哭得死去活來。那時候我修行佛法，現在讀起來，看到自己透過信仰在消化這段失落。雖然有點天真，但靈性活動讓我有專注的對象，帶我走過最難堪的時期。我每天都說我愛你，對不起你，而且說了好幾遍。現在讀起來，真覺得不可思議。

一時要把這麼多的筆記銷毀，感覺有點困難。畢竟這些都是那段時間的心血，看到自己流了諸多眼淚，傾訴無盡的傷痛，很想再把它們放進櫃子裡，不要再看。

你已經知道我不在那裡。

但我不知道怎麼處理這些文件，在裡面有我最真實的經歷。你就在字裡行間，但它們又讓我有過去式的感覺。

過去進行式。

哦？你說對了。我掉進過去進行式的漩渦裡。

你的現在進行式呢？

就是這段書寫，我在重新定義這段經驗，我想要找回自己，那個迷失在二十年前的我。

馬麻，希望你在過去完成式與現在進行式之間的游走歷程中，走出一片新天新地。

照片是無辜的

但我無法丟掉你的照片，每每打開抽屜，又得闔上。只要你跟我四目相對，自殺失落的記憶就浮現上來。

記憶，「指在腦海中存留的一切。」例如，「那是三十年前的往事，如今記憶已經模糊了。」辭典也解釋了記憶在心理學的機制，說是「由識記、保持、回憶（或再識）三個基本環節組成的心理歷程。」不僅如此，「記憶的敏捷性、持久性及準確性因人而異，但均可培養和改變。」辭典裡面找不到「創傷記憶」，顯然那超過中小學生能理解的範圍。

那是二十年前的往事，如今記憶依舊清晰。等我八十歲的時候，記憶也是如此吧？

記憶會騙人，馬麻。

騙誰？這些照片封存了最真實的記憶。我不要丟掉你的照片，我沒辦法，那種感覺好像讓你再死一次。

你一直負面地詮釋照片，馬麻，照片是無辜的。

我只剩下你的照片，銷毀照片等於銷毀了你。

我的嘴像死鴨子一樣的硬，我承認在我的投射下，他的照片成為神祕的物件，他的身影成為超自然的（numinous）存在。他的照片是一個入口，總是帶我穿越生死的疆界，進入暗黑的地底世界。

你把我去人性化了，馬麻，我曾經只不過是個人而已。

我不是生命的主宰

你死後變成了什麼？今天是鬼月第一天，我很沉重，我不知道你是不是變成了鬼。我無法想像你變成民俗信仰所描述的「好兄弟」，媒體一直提醒我們鬼月的禁忌，讓我很困惑。

（沉默）

假使這個月是你們的假期，你有來我的新家嗎？

（沉默）

在我書寫這些歷程的時候，你是不是蹲在一旁冷眼旁觀？像電影所描述的那樣？

（沉默）

他成為陌生的存在，超越我能理解的範疇，我有無能的感覺。

你想把我釘在牆上，像個蝴蝶標本，馬麻。

靈魂脫離肉體之後，去了哪裡？我不得不承認他說對了，兒子在我心中永遠定格，他永遠不能改變，他永遠不能離去，他永遠得為我的哀傷與破碎負責。

我回歸大地了，馬麻，你要把潛意識還給神。

我有專屬我的潛意識，那是我的。

但我的不屬於你，馬麻，我們曾經共享的十二年，你稱它個別的或集體潛意識都沒關係。也許你可以活出更好的人生，但你不是生命的主宰，更不是我生命的主宰。

我很生氣，一把將手中的盒子蓋上。除了照片，那個盒子有他的玩具、筆跡，和遺物，我稱之為潘朵拉的盒子。這些年來，這個盒子像個燒金紙的金爐，是燙手山芋，我只能短暫地打開。

很抱歉把你關起來，我得這樣才不會失控。我對他說。

沒關係，馬麻，像潘朵拉的神話所說的，我跟盒子裡面的「希望」在一起，我們是好朋友。

當衣服成為皮膚

周末，我走下樓梯，發現自己習慣慢性憂鬱的狀態——很久沒有開心的感覺，很久沒有笑容，心頭總有沉重的負擔。天氣很好，但心情就是好不起來。

哪時候開始的？

我不確定是他在問我，還是我在問我自己。

也許我處在一種長期慢性哀傷的狀態……。如何能不憂鬱呢？憂鬱，辭典說是「憂傷鬱悶」。憂鬱是遺族常有的反應，甚至會得了憂鬱症。憂鬱症是「因環境壓力或個人心理因素等原因所造成的心理疾病。表現症狀多為情緒低落、悲觀、抑鬱，嚴重者甚至陷入絕望、自責、思想錯亂的情況，生理上也出現食慾不振，或暴飲暴食、頭痛、心悸、嗜睡或早睡、兩眼無神、嘴角下陷等徵狀。」辭典最後說，「依形成原因可分為反應型憂鬱症及內因型憂鬱症。」

哀傷等於憂鬱嗎？他問。

不，哀傷是哀傷，憂鬱是憂鬱……，我得給他上一節當代精神醫學的課才說得清楚。這個辭典原本應該要幫助我的，幫助我面對你的自殺，我卻覺得它說了一大堆很硬的資訊，一點幫助也沒有。遺族生病是常有的現象，我只希望有人抱抱我，讓我感受到一些溫暖。

若你已學會與哀傷共處，你要把她當作是一件衣服，必要的時候脫下她。

但她似乎成為我的皮膚，成為我的一部分，我不知道怎麼脫下來……。我慌張地低頭尋找拉鍊、鈕釦，我笨拙的手在身上遊走。

當衣服成為皮膚的時候，什麼可以幫助你？

他的提問點醒了我，我看到憂鬱沾黏在我的皮膚上，我得做些什麼來逆轉這樣的寄生。

氣息從我的口中吐出來……。我知道了！

我起身到樓下買兩杯珍珠奶茶，買一送一。一杯送你，兒子。黑珍珠會順著河道，沖刷一切，找到來世的幸福。

是否只是喃喃自語

他問我這算不算文學？這樣的對話是否只是喃喃自語？透過人稱的轉換，我把他定格在紙上，讓他陰魂不散，成為永恆的存在，這樣好嗎？

說真的，我不知道，我只知道我得透過這樣的對話，來整合這二十年的失落與情感。雖然他的自殺改變了我，我也永遠回不去那個自殺前的世界，但這個失落似乎成為我生命的肌理，我不能忽視他曾經存在我的生命中，即使是這麼地短暫。

我從急性的哀傷反應，到與自殺情結智慧地共處，從不可能存活到要活得更好，心理學的語言已經不足以乘載我的歷程，必須借助文學與藝術涵容的力量。這個倖存的經驗，也可以成為另類的文學吧？文學，辭典說是「廣義泛指一切以文字記述傳達思想的著作，狹義則專指以藝術手法，表現思想、情感或想像的作品」。

這是一個永恆進行式的文學。

他不經意地出現。

希望未來有其他的遺族比較文學出現。

會有的，歡迎來到傷痕文學的世界。

沒有人願意遭遇傷痕，還好人間有文學與藝術，與我們共度苦難。就像有黑夜就有白天，有地獄就有天堂——在黑夜中我們等待白日的到來，在苦難中我們朝向美學藝術，進入光明，走向未來。

生命泉源就像主機

我其實不習慣孩子對我說教，我忘記新生代會取代我們的地位，這在歷史上已經不是新鮮事。我忘記每個生命都有圓滿自足的自性，太自以為是。

沒關係，你因為創傷而看不見更大的圖像。他說。

創傷曾經是我的全部，由這個濾鏡看出去的世界是蒼白、黑暗、憂鬱、沒有生機。我雖然理智上理解，但很難做出改變，每天醒來還是常被沉重給籠罩。

你失落了快樂，喜悅的能力，馬麻。

是的，傷痛改寫了我身心靈的系統；凡經驗的，必留下痕跡。

想想電腦！

什麼？

若你有個隨身碟，資料損壞了，你一定很急，很想把它找回來。但你忘了家裡還有個主機啊！所有的資料都在主機裡啊！再去copy一份就好了。

真不愧是個愛玩電腦的小孩！這輩子就像隨身碟，生命泉源就像主機，很好的譬喻！這輩子是有限的，唯有生命泉源湧流不止。我傷心掉了隨身碟，眼盲地在路燈下尋找那失落的東西，而不是回到源頭去。

生命搞砸了，就重灌程式！資料混亂，就來個磁碟重整！那麼，死亡是否是一種格式化的歷程？我順著這個邏輯推演。被格式化的你變成什麼樣子？

這是我的祕密，馬麻，不能跟你說。

你跟你的主機連接了嗎？我接著問。

嗯，以後你就會知道。但我想跟你說，以前當我看到你開懷微笑時，我覺得自己是世上最幸福的小孩。

永遠在一起

我也曾經覺得自己是世界上最幸福的母親，小時候你依偎在我懷裡的時候，我仍然可以感受到你對我完全地交託。

嗯，我們共度了十二年的黃金歲月。

我喜歡你用電腦來比喻生命，之前最常聽到的是冰山的意象——那個可以看見的部分是我們的意識，提醒我們要知道那廣大無邊、深不見底的潛意識。小學生應該還不懂什麼意識不意識的，但辭典竟然有「潛意識」一詞：「心理學上指潛伏在意識之下而不自覺，且他人也不能予以直接觀察的心理狀態。」所以你會說，人會自殺是因為壓抑在潛意識裡面的負面能量竄流出來的結果嗎？

你應該知道我最不想談的就是這個吧！

他這麼直接表態，讓我有點意外。我們一路走到今天，為什麼不想談呢？你顧忌著什麼呢？孩子？我感覺他離開了。以過去的經驗，我知道我可能要等一段時間才能再次跟他連上線了。我心想，沒關係！我等你。

這是一段辛苦的復原路，一開始，失落教我痛不欲生，當時最想跟別人說的，就是這個可愛的生命，似乎述說是唯一可以抓住他的方式。他的提早離去，造成我生命的空缺，但透過述說，他逐漸在我的內在生根，再次成為我的一部分。

榮格用「根莖」的意象來形容生命潛藏於大地的連結。許多植物的枝葉散去，但深藏於根莖的生命持續著，等待下一個春天的來臨。在我們腳下的地土就是潛意識的連結——板塊的連結，海洋的連結，那個連結到地心的人類生命。

雖然我還認為他是我的孩子，但他變成一個智慧的靈魂，就像個體死亡之後就已經不是原初的他／她了，只是作為人類的我們無法放手。我知道，他的沉默就是要我自己來化解這個執念。

我對著虛空大喊：你在海洋也好，在根莖也罷；你在我的潛意識也好，在集體潛意識也罷；你曾在我的生命中也好，現在在我的心中也罷，反正我們永遠連結在一起。

重要的是活著

馬麻，不管未來發生什麼事，你一定要記得你很棒！

嗯……。不太確定怎麼接受這個讚美。我只是盡力地活著，因為有時放棄還比堅持來得容易。

就是啊！你堅持不放棄，這點讓我很放心。

但我贊成「安樂死」——這個常常讓人與自殺搞混的議題。

這是人類的難題。

你們靈魂也常關注人類嗎？其實我有點不知怎麼消化這個來自冥界的訊息。

我不能說太多，總之，生命不是在死亡時就結束。

自殺的靈與一般死亡的靈，經驗有什麼不同嗎？

馬麻，我知道你還心疼我，我知道我的死相很淒慘，你沒有準備好這麼早就與死亡交手。死亡總是教人措手不及，自殺更是教人驚嚇（shocking）。

你現在知道了？驚嚇，「驚懼害怕」，例句「小明因驚嚇過度而說不出話來」。

我原本不知道，我是看了你們的表情與反應，才逐漸明白自殺在人間，是一件超越邊界的經驗。每個人都睜大著眼睛，說不出話來，吃不下飯，睡不著。

我們都在暗夜中翻滾，好像一尾離開水的魚，在岸邊喘息，口越張越大，卻吸不到氧氣。

當初我很怕你也自殺，但你活到今天！你很棒！

我沒有選擇。我這麼說，你不要覺得愧疚。即使已經過了二十年，有時日子很難熬，看著生命中的破洞，我難免有無力的感覺。不行的時候，我閉上眼睛，專注在呼吸上，走不動的時候，就讓這一呼一吸帶領我翱翔。等我翱翔回來，地心引力變輕了，便能夠再踏出下一步。

你呢？你怎麼「活」到今天？「活」這個字眼不太對，但我不知道還有比這個更好的形容詞了。

我等了許久，他終於打破沉默。

以後你就會知道了，馬麻。榮格不是在《紅書》（*Liber Novus*）裡寫著：「我學到的一件事，就是人必須活在這個生命裡」嗎？

關鍵的問句

我從過去的筆記中看到自己一直在繞圈圈，開始最常問的是「為什麼」，然後是哀傷的敘事，對孩子表達歉意與無盡地思念，對天表達憤怒與請求憐憫。失去他是一帖人間最苦的藥，苦得要配著淚水才能勉強吞下。

清掉筆記還算容易，照片就很難了。我只能把一些他與一群人但不明顯的照片送進碎紙機，二十年了，看到他雙眼看著我，還是痛哭。

你哭什麼？馬麻。

從照片中我看到你未來可能的樣子，看到你失去的未來。我除了為你的自殺哭泣，也為你失去的未來哭泣。我依舊哭天搶地，哎。

你要像亞瑟王的帕西瓦爾（Parzival）騎士一樣，提出最關鍵的問題。他說。

很久很久以前，在某個城堡哩，住著一個受傷的王。帕西瓦爾來到這裡，看到聖杯的隊伍，卻不知道要問什麼，與聖杯擦身而過。又過了許久，他重回這個城堡，想要贏得聖杯。但他得真心地問：「國王啊，你怎麼了？你哪裡不舒服呢？」國王的傷才會痊癒，他才能獲得聖杯。

過去我用哀傷理論來理解自己的歷程，容許自己無止境的悲傷。結合客體關係理論與繼續連結理論，把你放在我的心中，讓你成為我正向的客體。我也研讀自殺相關的研究，接受自殺是人的選擇。但作為遺族的生活中，似乎還缺少了什麼。

你是負傷的遺族，馬麻。問對問題，病痛就能好起來。

史奈德曼曾說，問想自殺的人「你哪裡痛」才可以幫助他們。他也曾被問說，自殺防治要減少自殺人數到多少人才算成功，他回答，這世上只要有一人自殺都太多。

身為自殺者遺族，什麼是我對遺族的想像？要問自己的關鍵問句是什麼？

獨自面對巨龍

回到了家，把門關上，喘了一口氣。呼……呼……，回到家真好。

因為要上班，早上被迫起床，面對外界的生活。我的生活好像裝了輪子的招財貓，定時將自己拉出個人的世界，雖然有了結構與韻律，總覺得被拉到世界之外。社會生活讓我與自己分離，也帶來不少痛苦，總要等到回到家把門關上為止，才覺得回到生命的中心。

也許你還覺得世界充滿了危險吧？

孩子出聲提醒了我。是啊，樹叢後面藏有怪獸，它們有無數的眼睛，邪惡地看著我，尋找可以吞吃我的機會。我不知道可以跟誰說我是自殺者遺族，那是一個業績導向、表現至上的世界，甚至說聲Hello都可能冒犯人。這個世界充滿危險，我無心欣賞風景，所有的力氣都放在保護自己，防衛內心的領土。

活著就是一場戰鬥。他說。

是啊，滿累的，這一路有不少混亂。

運用想像力，馬麻，把自己當作英雌。

英雌？我聽過英雄，英雌是什麼？

就是Shero啊！

啊！我喜歡他有女性意識的概念。我知道要戰勝這一世，必須仰賴我的陽性能量。失落與哀傷已經挫敗我的阿尼瑪斯（animus），我成為畏畏縮縮的人；破碎讓我縮小，全身滿是破洞。當我想像滿是破洞的自己站在眾人面前，感受到的是恐懼、無助、害怕。

但我的任務與所謂的hero不同，首先，我的內在有許多龍怪，這些怪物來自父權，他們不讓我走出去。一個母親應該要養育兒女成人，但我沒有把你養大，他們會對我丟石頭，在他們面前，我會抬不起頭。

你要拒絕父親的餘毒，只要你說「不」，沒有人敢對你怎樣。

但整個父系社會的指責大到會人窒息。

Shero不同於過往的Heroine，她的基礎點是she，而不是男性的hero。

我知道我除了仰賴自身的陽性能量，我更要成為雌雄同體，才能殺出一條血路。我坐下來，閉上眼，一個意象浮現出來——把憤怒煉為子彈，來填補這些破洞，為自己打造一副琉璃衣。

馬麻，你好棒！你只要向內看，就會找到方向。

所以當我早上起不來的時候，就向太陽學習打造一具頭盔，在憂鬱的時候戴上。

對，他興奮地說，再跟荷米斯（Hermes）要一雙有翅膀的鞋子，幫助你穿越邊界。

我們像在許願一樣，變出一樣又一樣的寶物，當然少不了那支雙蛇杖。

馬麻，不要害怕，你的心有我的記號，只要你對生命說YES，全宇宙都會幫助你。

我知道我已經上路了，這一路還會遇見什麼精靈鬼怪很難說，路還有多長不曉得，歸返之日也遙遙無期。你可以陪伴我嗎？兒子？

你要獨自面對巨龍，馬麻，你要自己走這最後一哩路。

反英雄的神話

孩子，說了這麼多，我發現我找不到自己的神話。坎伯（Joseph Campbell）在《千面英雄》（*The Hero with A Thousand Faces*）中，形容英雄冒險的模式為隔離→啟蒙→回歸，一點都不適用於我。

（沉默）

他說：「英雄歷險所代表的是他在生命中成就啟明的時刻——這是個關鍵的時刻，此時一息尚存的他，發現並打開我們生命中死亡的黑牆，從而進入超越的光明之路。」在我能夠察覺的時候，我就已經掉在黑洞裡了——一個前無古人、後無來者的黑洞。我生命的關鍵時刻坐落在「自殺之前」與「自殺之後」那個秒差之間，我被卡在一個闇黑之處。

（沉默）

這一切非我所願。

（沉默）

我受黑暗啟蒙，卻永遠回不到光明的世界去。

（沉默）

一個粉身碎骨的生命，我要回歸何處？

（沉默）

而且我是沒有臉的英雄——悲傷已在我身上烙印著扭曲的、不成人形的面孔。榮格說《榮格自傳：回憶．夢．省思》（*Memories, Dreams, Reflections*）一書是他「訴說個人的神話」，我若模仿他，這個神話來得太容易了，我會被嘲笑。

（沉默）

戲劇裡面，自殺是個大轉折，然而自殺對生者造成的影響，劇作家似乎沒有興趣。比如希臘悲劇《伊底帕斯王》，主角因著命運的撥弄，殺死了自己的父親，娶了自己的母親，而母親也懷了自己的孩子。當這一切被揭示出來之後，母親上吊自殺了。莎士比亞的《羅密歐與茱麗葉》中，一對年輕人彼此相愛，卻因家族世仇無法結合而走上絕路。他們的父親、母親、兄弟姊妹、朋友，怎麼活下來？劇作家一句也沒交代。亞瑟．米勒的《推銷員之死》，沒落的推銷員丈夫無法供應家中的需要，選擇自殺。他的太太和兩個兒子，要怎麼面對往後的日子？以上戲劇的例子，似乎說著自殺者遺族不存在。我不僅是無名英雄，無臉雌雄，更是反英雄（anti-hero），我如何找到神話？

你活在什麼樣的神話裡？

他終於開口了。

在悲劇性的失落裡，這是一條沒有人想走的道路。

所以？

我急了，他怎麼不懂我的難處？我是說，有誰會要看這樣的故事？我的歷程有普同性的價值嗎？

我知道你難免用人間的尺度看待這個文本，因為你有身為創作者的覺知，馬麻。

私密地哀悼你的離去是一回事，選擇出櫃公開這個歷程是另一件事，雖然有著難以明說的使命感，我害怕傷口再次被踐踏。

你心裡知道，投入這個書寫，最重要的是要完成你自己；你在自己的歷史裡面，沒有人能代替你，只有你自己能完成。而且你也知道這個歷程就是奧祕，等著被發現。

他這麼說，換我沉默了。

不要怕犯錯，不要怕失敗，最慘的已經過去了。

謝謝你，Zero。

馬麻，當你離開世界以後，你會用不同的眼光看待人間的一切。你的神話會對需要的人開啟，會向適合的人顯現。你的責任就是把她交出去，宇宙會看顧一切。

10 終曲

窗外的鴿子咕咕叫，咕～咕～咕～，它們拉長尾音，告訴我春天來了。

我曾經像個沒有皮膚的人，一點小事就勾引起傷痛。曾經抱著曬著暖暖的被子，瞬間好像抱著孩子的遺體，手中捧著他，我抱頭痛哭，好希望一切可以停下來，完全地停止。

窗外的鴿子咕咕叫，咕～咕～咕～，它們拉長尾音，告訴我夏天來了。

我曾經變成無盡飢渴的人，怎麼喝水都解不了心中的渴。我的心田成為沙漠，曾有的綠洲也成為黃沙。

窗外的鴿子咕咕叫，咕～咕～咕～，它們拉長尾音，告訴我秋天來了。

我曾經放逐自己，成了汙水道的老鼠，黑暗世界的勇士。讀完博士，回歸自殺現場，我的復活路才正要開始。

曾經夢見自己準備要做個好媽媽，在徐徐晨光下，踩踏著裁縫機，想著可以為愛子縫補衣服。但意識進入，想到愛子也不會回來了，我頓然驚醒，覺得好苦，好失落。

曾經夢見孩子在場上運動跑步，我看他很累了，叫他到我腳邊休息。他來了，蜷縮在我腳邊，我順順他的背，他在我坐的平臺上睡著了。

曾經夢見孩子在跑步比賽，結果他跑出了跑道，進到旁邊的公園，那兒人來人往很熱鬧，一時之間他呆住了，不知道怎麼回事，也不知怎麼辦。我趕緊把他叫回來繼續跑。

曾經，曾經，曾經。

我猜自己跟這個孩子有很深的因緣。他自殺死了，至今我還是很愛他。

過去我從沒想過會用這種形式寫出遺族的經驗。我在不同的人稱之間轉換，在自殺者與遺族之間換位，也在一開始就把觀眾邀請進來，這是一個劇場，一段對談，一場辯論。

若你是遺族，希望這本書能讓你遇見那個心愛的人；若你不是遺族，希望你能看到一個倖存的欲力，一個努力要活下來的力量。

曾經我的右手看不見我的左手，我的左手不知道我的右手在做什麼，現在我知道，她們說著一個愛的故事。

11 跋

前面我以狄米特的故事，詮釋自殺者遺族順利整合哀傷的歷程。另一則神話——奧菲斯與尤底西斯，則可用來詮釋失落整合的失敗。

奧菲斯與尤底西斯

擁有音樂天分的奧菲斯，深愛著妻子尤底西斯（Eurydice），有一天妻子卻被毒蛇咬死了。他陷入悲傷，想到地府去找妻子，一路彈著豎琴，悽楚的琴音讓他順利渡過冥陽之河（River Styx），連地獄犬（Cerberus）也沒有攔阻他。最後，冥王黑帝（Hades）應允了他的請求，把妻子交給他，但有一個條件，就是在未抵達陽世之前不能回頭看。他們一前一後走著，誰知道就在要踏上人間的那個剎那，奧菲斯忍不住回頭，眼睜睜地看著尤底西斯被拉回虛空之中，因此永遠失去心愛的妻子。

奧菲斯後悔莫及，想重來一次但不可能，因此獨自一人在荒野流浪，每天哀嘆，遠離所有的朋友。他一蹶不振，不再經營生活，只沉溺在與妻子過往的回憶裡面。後來，酒神的眾信徒迷戀他鬱鬱寡歡的外表，想邀他一起作樂狂歡。因為悲傷，他拒絕了她們的追求，在狂怒之中，她們砍下他的頭，將他的身體撕裂，與七弦琴一起丟進河水中。奧菲斯的頭顱漂浮在海上，唱著悲歌，口中依舊叫著妻子的名字。

結局另有一說——當奧菲斯一個人回到人間，萬念俱灰，失去活下去的慾望，只求一死，父親慈祥的勸阻似乎沒有功效，結局也是一樣的絕望。

同樣是神話，結果大不同

這兩個希臘神話可以作為失落重建的隱喻：狄米特完成重建的歷程，奧菲斯則失敗了。在狄米特的故事裡，當女兒被綁架到冥府之後，她的自我持續運作，只是以不同的方向與角度。開始很長一段時間，她經歷強烈的悲傷反應，一心只想找到女兒，無法正常生活，不吃不喝不洗澡，一切變得混亂與髒亂。然而透過轉變角色（從女神變為保母），她持續活著，直到再度見到女兒為止。雖然這時候已經不能像過去一樣擁有她，但她已經可以接受這個失落的結果。她的哀傷反應，成就了每年與帕瑟芬短暫的重逢。最後，她不僅整合了失落，也轉變了自己的生命，這個內在歷程讓她重獲那個失落的身分認同。

奧菲斯則被哀傷完全地擄獲，自我的結構被失落給攻破。他雖然進入到死亡的核心，卻無法面對失落的結果，尤底西斯原本可以成為他內在支持的客體，但這個重建的歷程失敗了。很可惜奧菲斯沒有透過他專擅的音樂來修通自己的哀傷，若他允許自己的哀傷說話的話，也許今天我們會有深刻的追魂曲，供千古傳唱。

研究榮格的蘇珊・羅蘭德（Susan Rowland）在《*The Ecocritical Psyche: Literature, Evolutionary Complexity and Jung*》（2010）說，下到地府是品嚐那個「無法想像的苦果」（the bitter fruit of imagining the unimaginable）。以象徵的角度看，狄米特與奧菲斯都因為失落重要他人，而失去了自己的某一部分，用此來詮釋遺族哀傷與哀傷復原的歷程，可以看作是遺族靈魂的一部分被帶到地府去了，他們必須下去把自己破碎的部分找回來，重建自己的生命結構。這個往下走的歷程，有時不是遺族可以規畫、想像或者控制的，有時是不得不然，因為自己的某部分也被葬到墳墓裡了。這兩個神話也暗示我們可以如何與死者連結，是繼續連結死者？還是永遠失去，造成永恆的空缺？我想前面的生成（becoming）神話已經說得很明白了。

第二部

關於理論

迴異前面的經驗書寫，這個部分是關於自殺者遺族的研究論述。生死是古賢哲人思索的現象，也是哲學與靈性的命題——因為死亡超過人類經驗的真實性，而人為何會自殺，更是個謎。遠古時代就有自殺的案例，像耶穌的弟子猶大、中國的屈原，而希臘悲劇《伊底帕斯王》中，伊底帕斯的母親伊俄卡斯特因知道發生在家族的咒詛後上吊自殺，更是知名的作品。要了解自殺者遺族，必須從自殺說起。

在西方，十八世紀之前，神學與哲學的論述霸占著自殺的議題。宗教試圖以神的大能為判斷的依歸，因為沒有人知道自殺之後「人」到哪裡、會經歷什麼。但《聖經》上幾個自殺案例，並不見自殺者有被神懲罰的記錄，直到奧古斯丁（St. Augustin）提出生命是神給的禮物，指出十誡中的第六誡「不可殺人」，人包括自己與他人，才有神不能接受人自殺的論述。反對自殺的，將自殺者與國家財產的損失畫上等號，比如亞里斯多德認為國家可以處罰自殺的人，因為自殺者「對國家不義」，所以主政者有了懲罰試圖自殺者的理由。少數有贊成自殺的，則希望釋放受苦的靈魂，免受道德的炙嚙，比如休姆就認為自殺者「並沒有傷害社會，他只是停止行善」。

在過去歷史的記載裡看到，自殺者不能被抬進家門，怕不吉祥；不能有一般的葬禮，甚至不准埋在教堂的墳區。英國文獻記錄一個被葬在十字路口的男人，希望忙碌的交通讓死者靈魂找不到回家的方向，避免回頭干擾遺族的生活。這些都是人們害怕自殺的反應。

十八世紀對於瘋狂的研究，是當代精神醫療的先驅。瘋狂，在過去是與魔鬼打交道的結果，英法等國的庇護所容納與治療「著魔」的人（也就是精神疾患），開啟了用科學的方式研究瘋狂的先河。精神醫學發達後，自殺議題遂成為醫療的戰場。在深層心理學的領域，佛洛伊德繼生命欲力（Life Instinct）後提出了死亡欲力（Death Instinct），提供了研究靈魂黑暗深處的語言——在我們靈魂深處，似乎有著「致死地而死」的動力。而榮格的情結（Complex）與原型（Archetype）理論，讓我們看到，瘋狂可能是一種內在具足的情結，在水火交攻的情境下，剝奪了個體的自主能力。而自殺，是被負面情結吞沒的極度反應。

自殺者用極度暴力的方法來結束生命，其不可預期性往往使周遭的人有著無法置信的感受——當聽聞自殺發生當下，遺族的反應往往是震驚、無法置信，然後經歷強烈混亂的情緒，如憤怒、羞恥、罪惡、困惑、恐懼、被拒絕、被放棄與污名化。美國自殺學始祖史奈德曼的話深刻描寫身為遺族的重擔，他說：「自殺者將心理屍骨放在遺族的情感櫥櫃——他宣判遺族去處理諸多負面感受，遺族思忖著，自己是否導致自殺的發生，或者沒有防止自殺發生，種種執念在心中縈繞，這將是多大的負擔。」[13]這不僅是巨大負擔，更是極度艱難行走的歷程，遺族追問著「為什麼」，在腦中推演著「如果假使」的無底探究，被迫孤單地面對慘痛的失落，經歷複雜的悲傷歷程。

即使知道當事人計畫要自殺，這種突然與暴烈的手法往往攻破遺族的生活結構，創傷其內心世界，讓遺族難以平靜生活下去。短期間遺族可能需要醫療的幫助，嚴重者需要長期心理治療，並學習與創傷共處一輩子。這樣的心理創傷又與自殺帶來的羞愧感、罪惡感、自責與被污名脫不了關係。因為羞愧與罪惡，遺族可能自認「該死」，受創而來的精神疾病成為一種懲罰，不允許自己能再有「正常的」生活。創傷造成的心理虛弱也教遺族無力去面對羞愧與自責，造成惡性循環。更因為精神疾病與自殺的污名化現象，遺族難以啟齒，害怕他人批判的眼光與言語，只將一切深埋心底，很難在內心與死者達成真正地和解，更別提正面地看待未來。因為自殺者死得不明不白，與沒有合宜的葬禮行儀來幫助生者與死者告別，複雜化的哀悼歷程，往往演變為複雜性的悲傷，長久囓啃著遺族的內心。線性的、階段性的、任務性地完成哀悼歷程一點都不能適用於遺族，除了蜿蜒無盡期的悲傷，遺族難以放下的，依舊是亡者。

何謂自殺者遺族

我在此參考John R. Jordan and John L. McIntosh的《*Grief after Suicide: Understanding the Consequences and Caring for the Survivors*》（2011）一書中，對遺族的定義如下：「因為親臨或者聽聞某人的自殺之後，持續經歷心理的、

生理的、或者社會的不適壓力」的人，對象包括親人、朋友、同事、老師、鄰居、救護對象（包括醫師、治療師、警消人員），到發現屍體的路人等等。

自殺者遺族自古是被忽略的族群，歷史上首次對之有系統的研究開啟於一九六〇年代。史奈德曼在訪談自殺者家屬後發現，遺族抗拒揭露自殺的緣由，否認自殺的證據，而且有嚴重的健康問題，從這個研究歷程中他不經意發現，遺族有極大的需要談論／述說自身的經驗。因為親身經歷自殺的失落，遺族身心受創，視自殺為人生的選項，有高度的自殺危險；自此遺族的照護被列入自殺防治總體的一環。他首稱，每個自殺案例，至少有六個遺族深受傷害，之後研究者也各提出了不同的人口數。

澳洲研究者瑪波爾（Myfanwy Maple）以影響力來看待遺族人口的向度，從「觸及」（exposed）、「影響」（affected）、「短期哀悼」（bereaved short term）到「長期哀悼」（bereaved long term），來涵蓋遺族受影響的深刻程度[14]。目前最新研究指出，一個自殺死亡會觸及到約有一百三十五人之多[15]，雖然不是每個人都會身心受創，但這個數字告訴我們受自殺影響的人口範疇。再說，若有遺族活不下去自殺了，將產生「二代」遺族，「二代」產生「三代」，以此可見，即使自殺者是陌生人，都跟我們息息相關。我認為我們都是遺族，這個概念清楚地呈現遺族需要協助的緊迫性，與自殺防治的重要性。

湯恩比（Arnold Toynbee）指出，死亡總是兩方事件，有一方死亡，另一方被遺留在世。對遺族而言，自殺，是何種死亡的面容？首先，自殺是期待之外的、強烈的死亡方式，被認為是死得不好，死相悽慘恐怖，教人害怕。再來，沒有葬禮與儀式的規範，自殺者往往被草草埋葬。第三、自殺者的身體多有扭曲或者傷口，除了撕裂遺族的社會網絡，損傷其自我認同與形象之外，因為自殺者肉體的破碎，其社會體魄（social body）難以成形。社會身體指的是個體承載的社會意義和功能的累積體，最明顯的例子是一國的君王雖然死亡，但其精神長存人民心中。在華人的概念裡，親人死了成為祖先，護佑後代，但自殺者呢？我們無從得知靈界的運行，但其肉體的破碎與不全，深印在遺族腦海，教遺族哀悼的中介階段很難過渡，亡者能不能回歸祖先之列，遺族完全沒有先例可援，這導致遺族對亡者社會身體的建構產生困難，也因此難以重新融入社會。第四、自殺死亡的不可逆轉性，在遺族的關係網絡造成致命的損傷，除了導致遺族社會關係的斷裂，那份關係也似乎永遠凍結，比如失去兒子的母親，永遠成為沒有兒子的母親。

為了保護內在的痛苦，遺族選擇孤離自己，身處社會邊緣，外界無法得知其真正需要，可能造成遺族與社群的嫌隙日深，而影響其福祉。米爾斯（David Miers）等人指出遺族所需要被協助的面向有：被傾聽且獲得回應；來自其他遺族的建議；幫助尋找方向；協助去探視死者；幫助如何紀念死者；回饋社會的機會[16]。綜觀當代對遺族的研究，以失落與哀悼理論為主流論述，嚴重者以創傷理論論之，且研究資料以負面經驗居多，這現象一直要到「韌性」（resilience）[17]與「創傷後成長」（post-traumatic growth）的理論出現之後，才有自殺者遺族因失落而產生正面深層轉化的論述出現。以下我依序簡明鋪陳遺族的相關研究理論，讓讀者有個基礎的了解路徑，這個路徑的順序是一、失落、悲傷與哀悼歷程；二、創傷；三、繼續連結理論（continuing bond）；

四、韌性與創傷後成長；五、帕帕多波羅的（Renos Papadopoulos）「創傷方格」（Trauma Grid）的理論。

失落、悲傷與哀悼歷程

失落存在於人類的生活中，是人生中不可避免的經驗。我們會失去很重要的人事物；也可能失落內在的部分，比如自我認同或者歸屬感；也可能失去生命中很重要的概念，比如自我感。在遭遇失落事件之後，悲傷是生命體的反應——反應在生理、心理、行為、情緒、社會與靈性的面向。影響悲傷反應有幾個元素：死亡方式（比如死亡是否在預期之內；死亡發生距離現在的時間）；個人因素（遺族的個性；性別；與亡者關係的密切程度）；環境因素（支持系統是否足夠；家庭允許討論死亡的程度；生者感知到反應被接受的程度）；社會因素（社會對死亡方式的評價；社會對死者的評價；支持系統是否完備等等）

根據賀森爾（Marilyn J. Hauser）的研究18，哀悼（bereavement）是指失落發生後，個體的「生理的、心理的、行為的與社會反應模式」，包含悲傷（grief）與悼念（mourning）兩部分。悲傷是指個體對於失落產生的情感、感覺與情緒，悼念則是幫助個體表達悲傷的社會慣例與儀式。目前哀悼有「階段」、「層面」、「任務」與「模式」等幾種理論。首先，庫伯勒．羅絲（Elisabeth Kubler-Ross）的《*On Death and Dying*》（1970）提出個體失落會經歷五種階段：「否認與隔絕」（denial and isolation），比如拒絕接受自殺的事實、感覺世界離自己而去；「憤怒」（anger），比如憤怒為何自殺發生在自己身上、生氣自己、生氣死者、對神生氣；「討價還價」（bargaining），希望死者復活、願意用自己的死亡換取死者的復活；「憂鬱」（depression），面對死者遺留的空缺覺得無力、絕望；「接受」（acceptance），接受自殺的發生、接受生命永遠的空缺等等。雖然是階段論，但並不是完成一個階段然後進到下一個階段，而是失落者在心理復原的主題有先後重心。

在《當綠葉緩緩落下：與生死學大師的最後對話》（*On Grief and Grieving,*

2005）書中，作者指出自殺者遺族須特別處理罪惡感，該書提出第六個階段——對上帝生氣，可視為「憤怒」的延伸。這個心理歷程有助於意義感與更新意義的可能，因為遺族面對著巨大的羞愧感與罪惡感，如何與神，與上帝，與宇宙，與整個集體潛意識重新修復連結，關係著遺族的心理重建與福祉。

帕克斯（Colin Murray Parkes）提出哀悼的「層面」理論[19]，其實與階段論相去不遠。他提出個體失落的反應，從「麻木」（numbness），比如拒絕相信自殺的事實，對周遭一切無感；到「探尋」（pining），渴望找到亡者、尋找自殺的理由；到「解組與絕望」（disorganization and despair），自我感或能力因為自殺受到破壞、認知到自殺者永遠離開人間而感到絕望；到「復原」（recovery），重組自我與生活結構、展開新生活。他並整理出哀悼的可能結果：「創傷反應」（the trauma response），包含憤怒、罪惡與創傷後症候群；「悲傷反應」（the grief response），強烈地想找尋死者、認同死者與悲傷的病態反應；與「社會心理的過渡」（the psychosocial transition）。社會心理的過渡反應指的是當預期之外的恐怖災難發生時，個體沒有時間做準備，面對改變一生的事件，個體既有世界（assumptive world）的面貌瓦解，而經歷一連串心理的與社會的改變。這個理論的特點在於以改變生命事件的深度與廣度來衡量失落，而不是以個體的無法適應來評斷其反應。以自殺為例，對遺族而言，自殺死亡是深刻的、創傷的、不可回復的，影響個體生命極深也極廣，因此遺族需要更長的哀傷期，有不同的哀傷需求，不宜以病態反應來看待遺族無法適應自殺後的生活。

悲傷治療師沃登（J. William Worden）則以「任務」的角度來衡量個體完成哀悼的歷程，提出哀悼的四個任務：接受失落的現實；處理哀傷的痛苦；適應逝者離去後的世界；在開始新生活之後，找到與逝者的持續連結。治療師可以幫助遺族現實地核對罪惡感與指責，修正否定與扭曲的反應，探索對未來的想像，處理憤怒，現實地核對被遺棄感，在死亡事件中幫助遺族找到意義[20]。史特比和史特（Stroebe and Schut）提出哀悼的「雙軌模式」[21]，不僅從「失落」角度衡量個體消化悲傷的程度（著重在情感層面），也從「重建」的角度（認知層面）看待個體的歷程。在失落反應時，遺族沉浸在自殺失落所產生的感覺、想法與行為；在重建的這一端，遺族暫時把哀傷放在一旁，在被自殺改變的世界中，學習新的生活模式與態度。遺族可以因應不同時間的需要，往返於失落處理與重建導向的過程，找到適當的相應模式。魯賓（Simon Shimshon Rubin）的「雙軌模式」[22]則強調遺族與死者繫存的關係與記憶；他認為遺族與死者的關係是流動的，可以與生者的生活共存。他的觀點指出遺族與死者之間的記憶質感，深刻地影響著哀悼的結果，也顯現哀悼的細微歷程，比如個體可能沒有外顯症狀，但內在仍持續著悲傷歷程。

奈米爾（Robert A. Neimeyer）提出哀傷的發展理論[23]，認為敘事能提供哀傷歷程意義的建構。他認為個體哀傷被四種因素所影響：（1）生物——基因因素；（2）個人動因因素（如情緒覺察度、個人哲學觀等等）；（3）相繫（dyadic）也就是關係因素（比如社會支持、社會連接）；（4）文化——語言因素（比如文化上對於特定形式失落的認可或剝奪）。這個理論認為遺族在悲傷初期、中期與晚期經歷不同的歷程——初期是反應期，中期是重新建構期，晚期則是重新定向，時間各是在事件發生後幾周↓幾個月↓後幾年。其危機與議題也有所差異，危機從初期的連結vs孤立→安全感vs不安全感→有意義vs無意義，議題由為什麼會發生這件事？→我該把摯愛放在何處？→現在的我是誰？因此在不同時間階段，遺族的心理社會需求各異，焦點從初期的接納自我→持續連結→創傷後成長，因著年歲的增長而適用不同的治療取向與方法。

創傷

通常個體在發展階段，建立了一層保護機制或支持系統，有可能是相對正常的人格結構、良好的人際關係、經濟安全感，職場工作或者社會地位等等，幫助我們在這世界上生存下去。但人為的或者自然的意外，往往對個體的生存形成威脅與破壞。在《超越快樂原則》（*Beyond the Pleasure Principle*, 1920）中，佛洛伊德形容創傷是「穿破保護膜」的事件，這可以指新的傷口，或是舊的傷口再度被打開。創傷，也可以是經歷事件後心靈破碎的狀態。

自殺事件對大多數的遺族而言，絕對是創傷事件。遺族經歷了許多強烈的情緒，如憤怒、羞恥、罪惡感，可能還面臨被指責的命運。因為自殺的污名化，遺族不能公開談論死者；獨自面對這個複雜的經驗，遺族感受到被社會隔絕，不僅承擔著「為什麼」的重量，還有被遺棄、失敗的感覺。這種種都容易導致遺族的心靈創傷。加上沒有合宜的葬禮儀式（甚至有些教堂不接受為自殺者舉行追思），在遺族的傷痛上雪上加霜。

遺族早期經歷的憂鬱與焦慮若沒有好好治療，有可能變成「創傷後症候群」（Post-Traumatic Stress Disorder, PTSD），讓急性的焦慮異常變成慢性疾病。在某些環境之下，創傷可能會以不可控的侵入影像進入當事者的心靈當中，或者有人會固執地迴避任何會勾起記憶的人事物，因而影響到日常生活。

繼續連結理論

繼續連結理論是由西爾弗曼（Phyllis Silverman）和克拉斯（Dennis Klass）提出的，他們不強調悼念的完成、放手或者脫離，而是視死者為哀悼的社會脈絡，檢視生者對失落意義的協商與再協商的歷程[24]。繼續連結有其功能，他們說：「歷程不會結束，而是以不同的方式影響著哀悼者的餘生。人們被經驗所改變，他們不會了結該經驗，而是轉化部分的改變，持續與死者的連結關係。」他們是由前人的研究找到繼續連結理論的印證，說明在失落發生後調適的旅程中，個體吸收對亡者的認同而形成新的自我感。透過關係的重組與重新定位，亡者可以以內在客體的狀態存在，成為一個支持的人物（a holding figure）。

從佛洛依德開始，到一九九〇年代為止，悲傷的論述以「脫離」（disengaging）亡者為主流，認為留戀死者是悲傷未化解的病徵。然而，生者與死者「繼續連結」的需要被否定，是社會因應現代化的反應[25]。比如在羅馬時代，悲傷是由於心碎，不是病症，而且常見生者與死者保持某種連結，並不一定要切斷。又比如在一些美國印地部落，印尼峇里與埃及，或者日本的文化中，並沒有所謂的「正確的悲傷」[26]。我個人覺得佛洛伊德說的生者是否能放下內在客體的連結，或者是否能重新將生命力投注到新的對象，以此來判斷個體哀悼的歷程是否正常，一點都不能套用到遺族身上。與自殺失落共處是一輩子的事情，但因著時間的進程，遺族哀傷的面貌會有所不同。透過內化的過程，自殺者可能成為遺族的內在客體，而且是正向的客體，支持遺族走向未來的生活。

內化亡者客體是一段漫長的歷程，因為自我與客體之間互相依存，在內化發生之前，即使短暫地失去客體，都會感覺是存在的威脅。當失落的感覺與經驗被修通後，記憶的形成（remembrance formation）——也就是將經驗轉化為記憶後，與亡者的內在連結將支持著遺族走向未來的道路。即使死者已矣，但仍活在遺族的心中。

這個繼續連結，不管是透過書寫、對話（包含與死者對話，與生者談論死者的種種），或者紀念儀式，都是遺族與死者關係的連續。而遺族感受到亡者的環繞或者現身，除非有導致生命危險的疑慮，不應被視為病態、幻覺或幻聽，而是遺族心理的需要；對死者的懷念，只要不影響到性命安全，都應該被接納。這種與死者繼續連結的現象，與現代性要求的切斷連結不同，可推到前現代「心碎」的態度看待失落——我們心碎是因為愛，這個觀點有著先古的人性、慈悲與智慧。

韌性與創傷後成長

人類面離逆境而能予以超越轉化，當代就有不少案例，比如法蘭克（Victor Frankl）生存於二次大戰的集中營，看盡許多慘無人寰的虐待，他擁有一個信念就是——面對苦難，只要有意義，就能生存下來，他在戰後創立了「意義治療」的學派。榮格與佛洛伊德分家之後，身心崩潰，多年後才走出創痛，因此了解到症狀的正面性功能；身心異常不再只是疾病，也是個體心靈深處試圖修正扭曲的不平衡。

在一九七〇年代，研究者發現在戰區或者在破碎家庭長大的孩子，有些人一蹶不振，但有些人卻能發展出韌性的特質。韌性是指個體在生活壓力事件中調適的能力，也就是即使在困苦的情境中，個體正面適應的動力過程。韌性理論一經提出，就改寫了創傷後負面反應的單一模式，因此有「創傷後成長」的理論出現，一說是「正面成長」（positive growth）。

帕帕多波羅提出韌性有五種類別的展現：首先是「穩定」（stability），強調保存現有的正向功能、質地或者遭逢逆境之前的個性。第二種是「靈活」（agility），也就是說個體快速回到過去安穩狀態的能力。第三種是容忍（tolerance），包容因變化而生的各種不穩定狀態，同時也將不穩定的有害影響降到最低。第四是彈性（flexibility），就是個體適應逆境而生的新變化、脈絡、現實、壓力與挑戰。最後是轉化（transformation），也就是個體發展出一種新的存在能力、價值觀，進而徹底翻轉生命的樣貌。前三個層次在於如何保留悲劇發生前的能力，即使暫時失去也能夠快速恢復的能力，也就是如何「應付」逆境（coping）；後兩個層次則在人格上有質性的轉變，在內心結構上生出新的肌理，也就是如何「活出」逆境（thriving）。

在哀悼的脈絡裡，個體在失落經驗之後，維繫身分認同與持續的能力是韌性的展現。創傷後，個體能創造一個正向的或可以理解的生命故事，是一種成長。韌性地敘說故事，與逆境之後有效的應對能力息息相關。早期對遺族的研究大多集中在創傷與負面的影響，那是因為自殺是悲劇，對於遺族、家庭與社群真的是重大的打擊。逐漸地，研究者在一些遺族身上看到正面成長的轉化，而有相關論述出現。在某些遺族身上，研究觀察到類似的轉化歷程，他們投入自殺防治或遺族研究的工作，或者透過書寫，公開自己的悲傷歷程與成長經驗，供後來的遺族與大眾了解與借鏡，讓這個失落有了更高的意義。

帕帕多波羅的「創傷方格」的理論

榮格分析師帕帕多波羅的「創傷方格」是與難民和政治暴力倖存者工作而發展出的模式，用來探索個體經歷創傷之後，由內在到外在的各種反應，包括正面的、中性的、與負面的反應，並涵蓋家庭、社區與社會各層面[27]。他指出，一般人認為創傷事件一定不可避免地帶來創傷症狀的發展，是一個迷思，這個誤解可能有損倖存者的能力——不經由醫療介入卻能與逆境共處的能力。

創傷後負面的反應包含「一般人類的苦難」（Ordinary human suffering）、「悲苦的心理反應」（Distressful psychological reaction）和「精神異常」（Psychiatric disorder與PTSD）。中性反應他稱之為韌性，如前所述，韌性是個體在遭逢逆境之後不曾改變的特質，雖然這些特質有可能暫時失去。正面的反應他稱為「逆境開啟的發展」（Adversity-Activated Development），指的是暴露逆境之後，個體直接發展出的正面成長的結果，這也包括發展出之前不曾存在的特質，也就是上面提到韌性的第四（彈性）和第五層次（轉化）的展現。

因為對生命、人類、受苦和死亡在態度上的改變極其細微，逆境開啟的發展的形成需要長久的時間，而且不容易辨識。人如何在逆境中有所突破？可能是創傷事件強迫一個人面對自己的限制，把個體推向世界之外，個體覺得生命走到盡頭，不知如何繼續；很弔詭的，遭逢逆境卻打開改變的潛在空間，有助於逆境開啟的發展。創傷方格志在探討個體經歷逆境後的總體反應，而不只是創傷的負面反應。因為創傷的醫療理論只看到負面的部分，過於簡化問題，對受害者會有極端化的效果。這個理論的特點在於指出個體暴露於逆境後，有可能發展出正面結果，並強調逆境之前不存在的新力量，因此擴展了困境之後非病態結果的版圖。

創傷方格的理論與創傷後症候群和創傷後成長的理論等同重要，但逆境開啟的發展與創傷後成長有以下的不同：

- 創傷後成長理論的定錨點是創傷，暗示有創傷後成長的人一定受創過。而逆境開啟發展的定錨點是逆境，不是創傷。受創與遭逢逆境有細微的不同。
- 創傷後成長的「後」，回應著創傷後症候群的「後」，似乎也暗指有一個時間點，在那個時間點個體由創傷的經驗轉變為成長的經驗。而逆境開啟的發展指出個體遭逢創傷後，逆境可能仍然存在，正面反應可以在逆境階段產生，而不一定是在「之後」。

- 「成長」有著負面的意涵，比如癌症中癌細胞的成長。而「發展」一詞較為中性，可以容納多種類型的正面反應。

這個理論的重要性在於，除了用負面的眼光看待傷痛經驗，它提供了正面心理學的角度來審視精神傷痛的歷程，平衡了以單一傷病與無助的角度來看待創傷經驗。很重要的是，創傷而來的成長經驗需要很長一段時間的醞釀，應付逆境絕不是線性的反應，也就是不一定由負面發展到正面，有時兩者並存，或者沉潛一段時日之後爆發而出的能力／量。而且有正面成長並不表示負面經驗就會因此消除，遺族常常是交替創痛與成長共存的狀態。另外，太早探索正面成長的轉化不僅帶給遺族壓力，也有可能進一步傷害，而且我們不能以正面成長經驗作為遺族復原的終極指標。對於受創頗深的遺族，能活著就是一種成就，能好好活著就是成長。

就我個人長期與失落共存的經驗看來，在自殺失落後要找到意義感，與逐漸形成的逆境開啟的發展有著不可或分的關係。遺族若能夠找到維繫功能、身分認同與尋找意義的能力，絕對是韌性的展現。我在英國的研究指出，遺族的生涯要有正面的轉變，有以下的要素：就是要有戰勝痛苦的決心；對受苦和人性有深層理解；對於自己的能力、界限要有高度覺察；個人價值的政治化；不斷地照顧自己，對生命說「是」，對未來說「是」，並訂定生命的目標，讓自己有個更好的生活。（見「如何營造正面的成長」一節）

遺族的總體經驗

也是遺族的魏絲嫚爾（Alison Wertheimer）說，自殺是「沒有常理」（normless）的事件[28]，它衝破遺族生存的保護膜，在彼此的關係上發出致命的宣言——死者似乎說他們寧可去死，也不要我們。威廉斯（Mark Williams）說自殺有著「全面倒的後果」（knock-on consequences）——自殺產生一連串的漣漪效應，遺族的生活受到嚴重損傷，造成情緒與心靈上的紛亂，無法達成生命階段任務，和產生其他自我毀滅的行為[29]。

像我自己就不知道是怎麼度過頭兩個月的，接著當機了兩年，生命停擺，完全失去功能。過了約五年，十年，我才抬起頭來，勉強有力氣看看這個世界與其他遺族是怎麼活的。那段時間我對人間沒有興趣，對工作沒有興趣，對累積財富沒有興趣，好幾次我掉入破碎的核心，走不下去。一直到博士畢業回到臺灣以後，面對要活下去的任務才開始有質的改變。在這二十年當中，從完全的破碎到逐漸建立起結構，這當中永遠是個拉扯。

以下我主題性地鋪陳遺族的經驗：污名化、羞恥與罪惡感；一輩子哀悼的旅程；身心健康負面的影響；社會隔絕、沉默的共謀、扭曲的溝通；認同自殺行為；尋找意義；個人轉化的可能性。前五個是負面的影響，後兩個是正面的發展。這些主題經驗會共存很長一段時間，隨著時間與不同復原的程度，遺族可能可以從破碎之中重新開始。

污名化、羞恥和罪惡感

> 自殺，被大眾看為「污名化」（stigmatized）的死亡。（Worden）
> 社會看待自殺，基本上是「懲罰性的」（punitive）。（Cain）
> 相比其他的死亡方式，自殺者遺族經驗較多的罪惡感。（Worden）

遺族寶婷（Iris Bolton）形容自殺被看作是「丟臉的事」（disgrace），「罪惡的汙點」（a stigma of iniquity）[30]。沃登說自殺被社會大眾看成是「污名化」（stigmatized）的死亡[31]。利特曼（Robert Litman）認為自殺的污名可溯源到社會機構對自殺者的指責態度——自殺被主流宗教、法律、社會和醫療倫理看作是「大錯特錯」（a grave social wrong）的行為[32]。根據匹特曼（Alexandra L. Pitman）等人的研究[33]，污名化有四個面向：「公眾的污名化」（public stigma）；「個人的污名化」（personal stigma）；「感受到的污名化」（perceived stigma）；與「自我污名化」（self-stigma）。

公眾的污名化來自主流宗教、法律、社會與醫療對於自殺的負面看法與態度。個人的污名化是把自殺看作是解決問題的失敗，指責死者與其親友。感受到的污名化指的是察覺到他人對自殺污名化的態度，這是一種主觀的感受，尤其孩子自殺的父母很容易感受到他人具傷害性的反應。自我污名化則是一種內化的污名，個體會產生羞恥感、罪惡感與無價值感。這四種污名化深刻地影響到遺族的復原，比如感受到的和自我污名化兩者會降低遺族的求助意願，也會影響他們發掘現有資源的能力；公眾的與個人的污名化則會降低他人提供遺族協助的意願。

彼得斯（Kath Peters）等人指出[34]，污名化的結果讓遺族感覺到被指責，感到羞愧與被負面的評論；感覺到被朋友和社群隔離與拒絕；感覺到被噤聲（feeling silenced）；感覺到他人不自在的負擔。這一切呈現在社會形容自殺與遺族所使用的語言上，有時專業助人者在不經意之間也會使用污名化的言語。對於遺族，凱恩（Albert C. Cain）說社會並沒有提供機構或機制來協助他們度過自殺帶來的傷害[35]。伴隨污名而來的，是羞恥感、覺得丟臉、因而迴避公眾場合，還有隱晦的溝通（若不是直接惡意的指責和歸咎），讓遺族艱難的悼念歷程更為沉重。這樣的污名化在遺族復原的旅途當中產生負面的效果，諾曼·法爾貝羅（Norman L. Farberow）認為遺族覺得自己跟別人「不一樣」，覺得自己「很糟糕」（inferior），也因為污名化的負面效應，社會給遺族的支持遠遠不足[36]。因此禁忌與隨之而來的社會污名不應該小視，因為那會影響著遺族、與其家族成員和社群的健康與福祉。

羞恥與罪惡感是遺族常有的感受。遺族的羞恥來自被死者拒絕，感覺讓死者失望，感覺被死者當眾拒絕，覺得對不起死者；而被死者所遺棄而導致自尊的粉碎，覺得自己不值得、不足夠。罪惡感來自於許多的「如果」，「假使」——如果我有回他電話，假使我沒有轉身就走，如果我有聽他說完話……，這是一串無止境的名單。

遺族經驗到的罪惡感可能被誇大到不成比例，蘭朵（Teresa A. Rando）提出一種「不合理的罪惡感」（illegitimate guilt）[37]，也就是遺族感受到不符合比例的罪惡感，遺族覺得需要被處罰，有可能因此導致自我毀滅的行為，而引來社會真的處罰（比如被強制住院）。尼德蘭（William Niederland）提出另一種形式的罪惡感——倖存者的罪惡（survivor guilt）[38]，可在相約自殺的人身上看到——當同伴自殺成功，自己卻沒死成的狀況下存在，有時候遺族也會體會到這種倖存者的罪惡。

德佩特（T. L. Dorpat）提到「分離的罪惡」（separation guilt），這常發生在未成年的孩子身上。他們把大人的自殺怪罪到自己頭上，認為是自己想獨立自主的渴望導致自殺的發生，這樣的認知可能導致倖存的孩子在自我與客體分離階段的發展障礙[39]。

一輩子哀悼的旅程

任何自殺對遺族都有「一輩子」的影響（lifetime effect）。（Peters）

復原是一條「曲折蜿蜒的道路」（a winding road）。（Linn-Gust and Peters）

哀悼發生在人際和社會生活的脈絡之中，遺族除了需要了解自殺的發生，同時還要持續日常生活的任務，在兩極擺盪，是一段極為艱辛的旅程。自殺失落比其他形式的失落更強烈，也延續更長的時間，所以遺族需要時間、空間來行走一輩子哀悼的旅程。自殺後的悲傷常常是「複雜」的，而且可能無法完結。常聽見遺族說，自殺完全改變他們的生命／活，如克拉克與葛多尼（Sheila E. Clark & Robert D. Goldney）說的，每個人的悲傷反應、哀悼歷程都是獨特的，像「指紋」一樣[40]。

這是「不會終止」的失落（nonfinite loss）[41]，因為死者永遠是我們生活／命的一部分，悲傷永遠不會結束，也不應該結束。一位遺族父親說：「真相是哀悼永遠不會結束，而且也不應該結束。……但我的成長和獲得的能力將讓我可以接受『這個失落』。」[42]婭歷珊卓（Victoria Alexander）覺得在她生命中，母親的死亡太重要了，她的自殺永遠會是她的一部分，「我永遠不會終結我母親的自殺，我們之間永遠沒完沒了」[43]。

身心健康負面的影響

> 對遺族的指責極具「破壞性」（destructive），自殺失落的經驗非常「傷人」（damaging）。（Silverman）

自殺失落是遺族最困難的哀悼危機44，失落的痛苦表現在身心靈各方面。魏絲嫚爾指出她採訪的遺族多有嚴重的胸痛問題，可能是由大量激烈的哭泣和心碎感所造成，甚至有人形容倖存自殺失落的經驗為「個人的集中營」經驗45。

悲傷的歷程非常複雜，且是創傷性的，嚴重可能導致創傷後症候群。有人會經歷「複雜的悲傷反應」（complicated grief），因而可能導致長期健康的問題。他人不當的回應，不僅讓遺族感到孤單（比如說「要想開一些」，「他已經解脫了」），或者受到指責（比如問「他為什麼要自殺」），可能會惡化遺族的悲傷反應。

複雜的悲傷反應與哀悼引起的憂鬱和焦慮不一樣，症狀包括侵入性與不安的症狀，如渴望、渴求、想尋找死者，且創傷症狀持續，如避免提及死者、無目的感、麻木、解離、空虛感、無意義感等等。米謝爾（Ann M. Mitchell）等人認為高度的複雜悲傷反應是生理健康問題與自殺意念的危險因子，尤其當遺族與死者的關係非常密切的話。所以在陪伴遺族的復原過程中，須衡量遺族與自殺者情感的連結程度，與家庭和社會的脈絡[46]。

雖然有研究指出[47]，遺族經歷的與其他非預期性死亡（比如車禍或嬰兒猝死症）的失落並無不同，研究者往往發現類似的悲傷反應多過於不同的差異。我個人認為也許重點不是去探討遺族失落與其他形式的失落有何不同，而是深入去探索是什麼造成遺族獨特的悲傷反應與歷程。

社會隔絕、沉默的共謀、扭曲的溝通

遺族經驗到被社會的拒絕與異化。（Silverman）

沉默是試圖要把這些強烈指控給壓住的方式。（Lukas and Seiden）

不健康的隔絕與沉默產生了不健康的溝通模式，然後又導致扭曲的溝通。（Cain and Fast）

上述針對孩子自殺、嬰兒猝死綜合症與意外的研究，指出「社會隔絕」（social isolation）是遺族身心壓力最高的指標，是罪惡感與自我指責導致這樣隔絕的因素。薩任南（Pirjo Irmeli Sarrinen）等人研究失落十年的遺族[48]，發現遺族明顯地缺乏與社會之間關係——他們的朋友較少，經濟情況明顯受限，一般健康較差。雖然自殺發生之前，家庭成員的互動可能就有問題，但自殺引起的哀悼影響到遺族面對困境的能力，即使失落十年以後依舊如此。

羞恥、被指責與祕密感對遺族是沉重的負擔，而且常常是他們獨自背負這個重擔；遺族在社會層面處在孤立狀態，沒有得到足夠的支持。死亡很難談論，更何況自殺，自然地，遺族陷入了緘默。不願意談論個人的悲劇產生了模糊的動力，困擾遺族的朋友與其社區群體。但很難確定是誰不願意討論導致了最終的沉默，是遺族還是其他人？[49]

沉默是遺族面對被指責與罪惡感的方式。魯卡斯（Christopher Lukas）與賽登（Henry M. Seiden）指出[50]，親人之間不想表露感受到的罪惡感與指責，包括對其他成員的指責，與對自己的罪惡感，父母與孩子之間的溝通也會變得隱晦不明。一項研究指出，四成以上的遺族曾經「說謊」（遮掩事實）[51]。魯德斯塔姆（Kjell E. Rudestam）針對俄亥俄州三十九個自殺案例的研究指出，超過一半的受訪者不願意和朋友或他人討論自殺，接近三分之一的人承認自己曾經掩飾事實[52]。

另外，萊斯特（David Lester）提及[53]，否認自殺發生，有可能是害怕自己可能導致自殺的責任。對於不斷試圖自殺的人，親友極可能忽視了警訊，有些可能在死者死前產生敵意或想致之於死的衝動，這些複雜的動力都讓遺族很難和解、接受、承認，因而無法修通重大的失落感。

認同自殺行為

自殺會感染（contagious）。（Range等人）

遺族有較高的自殺風險。（Farberow and Shneidman）

暴露於自殺事件的人（exposure to suicide）有更高的自殺風險，也較易因自殺而死，即使自殺的人不是親友[54]。如鄧恩（Edward Dunne）描述的，死亡的面紗被掀起，遺族被迫面對存在的真實。他們把自殺看做是一種處理困難的問題或情境的方法，這個困難也許是人際關係、經濟問題、法律問題，或者人生中的任何困境。由於與死者親密的關係，遺族對死者所建議的方式有更高的接受性。寶婷在兒子自殺之後，指出自殺成為「引誘者」，似乎死亡比生命更值得追求。

研究指出遺族的自殺風險從第一周到第一年不等。卡普里奧（Jaakko Kaprio）等人認為第一周自殺的可能性最高，其中女人的危險為十倍，男人則為六十六倍[55]。法爾伯羅的一項研究提出四分之一的遺族在喪失親友的四週內曾有自殺的想法[56]。自殺發生一年之內，認識死者的人中，一點六倍的人曾有自殺意念，二點九倍的人曾有自殺的計畫，三點七倍的人曾經試圖過自殺[57]。據說這樣的反應可能是想與死者連結，或者想結束異化或悲慘的感受，也可能是罪惡感與自責。創傷性的悲傷導致自殺意念的可能性高達五倍以上，這在年輕人身上特別明顯[58]。

我的博士論文提出了「自殺情結」（suicide complex），主張遺族因為自我結構受到破壞，對外界的抵抗力減弱，以此觀點詮釋為何遺族會有高度自殺意念的想法。我對這個情結的定義是：由於遭逢自殺失落，直接在遺族心靈，或者間接在一般人的心靈所引發（constellated）的情結。自殺情結呈現的方式從微小不想活的意念／想法，到想自我了斷的急性危險，也就是涵蓋內在的潛意識意念，外發到危及生命的行動。

這個情結來自遺族對於自殺失落強烈的情感反應，（因哀悼痛苦導致）意識的昏沉，還有與社會對自殺愛恨交織（ambivalent）的態度互動的結果。由於社會認為自殺是禁忌，是丟臉的事，因此不去談論它，讓它走入地下，而得以在人們的內心發酵。雖然我用自殺情結來詮釋遺族自殺的動力，不代表就能完全解決遺族高自殺的風險，但至少提供了精神疾病之外一個較為人性的觀點。我們對人類心靈的奧祕仍在持續的了解中，尤其是黑暗、非理性的部分，也就是榮格所說的「陰影」（shadow）。我們無法刪除這個情結，只能有意識地與之對話，不斷理解她／他，並讓自己活下來。

尋找意義

> 遺族需要尋找理由—為什麼心愛的人自殺了。（Worden）
>
> 在創傷失落中，意義感可能粉碎了，但透過意義重建，有可能找到新的調適與新的行為。（Dyregrov 等人）

我們要了解自殺是一個複雜的歷程，它不是線性的發展。事件剛發生的時候，遺族可能找不到意義。遺族在腦中不斷地重複思索，建構死者自殺前不同版本的事件，尤其想要確定死者在死前心智的狀態，也就是自殺者最後幾秒鐘、幾分鐘在想些什麼。意義的追尋，從「實際的」（他如何死的），到「關係的」（我是誰？失去丈夫之後，我還是一個太太嗎？），到「靈性或存在的」（神為什麼允許這樣的事發生）**59**。這樣的尋求可能出於想否定自殺的發生，或者要證明那不是自殺，或想透過了解來「容忍」已發生的自殺**60**。

雖然有些遺族依舊愁苦，從此一蹶不振，但漸漸地，有些遺族能走上療癒的旅程。一開始，遺族努力控制自殺對生活帶來的影響，不斷思索亡者死前的種種，可能導致自殺的事件（尤其最後的那根稻草是什麼），質疑自己與死者的關係，與導致自殺的責任歸屬。意義建構發生在尋找死亡故事的脈絡之中，遺族根據先前對死者的認識，尋找死亡的可能原因。當遺族開始尋找意義時，周圍的人可能無法了解他們在溝通上的困境。遺族有時得避免社會互動來減低巨大的情緒感受。意義建構，不是把自殺放在一邊，而是在每天的例行生活的脈絡之中發生的，同時在這歷程中必須保護個體的自我感，不讓遺族在意義建構的歷程再度受到傷害。這是一個緩慢的歷程，且心急不得。

另外，遺族可以透過參與相關的研究，把經驗奉獻出來而獲得意義感。訪談可以促使遺族重新定義意義，提升對哀悼旅程的覺知；透過訪談，遺族完成複雜的建構任務，試圖將死者與他們自己破碎的經驗串連起來。不少遺族表示自殺改變他們的生命，對生命的觀感也改變了，但即使遺族可以在自殺死亡中找到意義，他們並不想說他們已經從自殺失落「往前走了」61。

庫里爾（Joseph M Currier）等人以建構模式探討哀傷，認為建構出有連貫性的故事，了解失落的經驗，能調節自殺意念與複雜悲傷等症狀62。長期而言，遺族願意投入新的活動，如公益幫助其他遺族，或者投入自殺防治，都是意義感的展現。而萊斯特提出要注意的是，遺族投入自殺防治相關的活（運）動是否是出自下意識的行為——是否因為沒能預防重要他人自殺，而出於贖罪的需要63，是很好的提醒。

個人轉化的可能性

社會的支持顯示能增進遺族改善哀傷的能力，進而提供機會，讓他們朝向個人成長的轉化。（Hogan and Schmidt）

有正面成長不等於沒有悲痛，兩者可以共存。（Smith）

萊利（Joseph M. Riley）等人的研究指出，遺族的個性與正面轉化的潛能有關。其中樂觀的態度、能正面重新框架（reframe）失落的能力、尋找／使用支持的資源、能使用社會支持和真心的人際溝通是建立正面成長的關鍵[64]。費格爾曼（Feigelman）和喬丹（Jordan）等人的研究指出，正面成長與失落的時間長度有正向的關聯性。比起剛喪親，失落五年以上的父母中，三分之二呈現出正面成長的特質，而且正面成長可以促進自殺失落後的療癒歷程，降低自殺的可能、不正常的悲傷反應與精神的問題[65]。史蜜思（Angela Smith）等人認為，自殺失落後正面的發展，得視「時間的歷程」而定，而且無法給出一個時間框架給遺族決定成長從何時開始；那是一個流動的歷程——充滿動力的歷程[66]。

挪威對自殺防治的投入顯示，保持「開放」（openness）的態度，是治療遺族經驗「社會無助感」（social helplessness）的藥方67。社會無助感指的是社會機構因不理解遺族的需要，失於回應與支持他們的需要，而讓遺族感受到的無力感。另外，社會支持可以幫助遺族減低傷痛，遺族若能公開且坦誠地談論他們的悲傷，支持的人必須願意花時間傾聽，且不加以評斷。當遺族建構他們的自我感和世界觀點時，助人者應全力支持遺族進行對意義和目的的追尋68。然而遺族不願提及從創傷失落中獲得正面的感受，從自殺中獲得正面成長對遺族來說，是「說不出口的」（unmentionable）69，而且有正面成長的發展並不等於沒有悲痛。

總體經驗的背後

芬恩（Carla Fine）倡議遺族與醫療人員進行對話，以便了解自殺者遺族。她說：「自殺不存在我們的語言裡——我們沒有時間準備。直到我們心愛的人自殺，我們才知道自殺存在。而且它把我們的生活撕裂了，產生一個自殺『之前』與『之後』的分裂。」70 所以遺族現身與社會溝通交流有重要的意義。

我的博士論文訪問八位喪親至少五年的遺族，用創傷方格來探索他們的經驗。我不只探討遺族經歷了什麼，也探討是什麼導致不同的發展（負面的、中性的、與正面的）。遺族一開始經歷大量的負面情緒與經驗，非自願地走上失落與哀悼的旅程，他們學習與這個經驗共處，想辦法繼續活下去。根據訪談內容，我分析出導致負面結果的因素有：

- 自殺在何時發生是個關鍵因素，遺族在什麼發展階段失去自殺者，對其復原有很大的影響，比如孩子未成年時失落父母，可能影響其發展；在老年期失去孩子也是很難整合的失落。家庭也立即面臨許多問題，比如誰來替補失去的角色功能？有時孩子被迫替補大人的位置，照顧其他手足，或者，孩子失去成長階段所需的學習對象，或者倖存的孩子被迫來承擔死去孩子的角色與任務等等，都導致負面的反應。

- 防止遺族接受他人支持的障礙——包括遺族沒有語言來描述倖存的經驗；與他人連結的斷裂（與家人、親戚、朋友）；他人不理解遺族的失落與需要；遺族內化負面的詮釋；沒有討論自殺的安全空間等等。
- 阻礙哀悼歷程的外在壓力，比如還沒準備好就得回職場，外在的責任讓個體延宕悲傷的歷程（比如必須照顧其他孩子）。

導致中性結果的因素，也就是能維持現有的功能因素有：

- 善用現有的支持，比如來自家人、朋友與同事的支持；還有安全感，包含經濟的、關係的安全感。
- 尋求可能的資源，比如進行心理治療，或透過閱讀、或者加入支持團體來了解自殺與失落。
- 建立與維持有效的因應策略，比如專注在當下的能力，辨識／認同進步的（progressive）文化價值，不讓失落主宰生活的步調。

造成正面結果的因素有：

- 不讓所經歷的痛苦白白浪費，決定要戰勝痛苦，創造意義。
- 認清生命功利態度的不足而尋求改變——比如對於人性與困苦有更深的理解；對於自我與他人更高的察覺；超越個人界線與既有世界觀；重新發展靈性；對個人價值政治化的肯定。
- 對未來、對生命說「是」，知道自我照顧的重要性，也對未來設定目標。

我主張自殺失落的頭一年，遺族可能沒辦法工作，失去食慾，短暫喪失功能等等，需要的是類似急性期的救助，幫助他們重建生活結構、了解悲傷反應、接納強烈的情緒、與照顧身心的需要。接下來的二至五年間，面臨常態性的空缺，需要幫助遺族整合記憶，提供表達的空間來敘說生命的故事，建立起對自殺與生命的新觀點。這階段尤其要注意的是遺族對自殺與失落負面詮釋的內化，被社會隔離的孤單，與敘說故事的困難。

長期的話，遺族則需要找到新意義與目標，找到貢獻相關經驗的機會，比如參與對遺族的研究，或投入自殺者遺族的社會運動，或自殺防治的領域等等，來維持因失落而來的人格／靈性的正向改變或成長。然而遺族不該獨自奮鬥，相關機構應該主動地提供機會，引導遺族在意義建構的歷程中再度社會化，並將分享的經驗轉化為知識，作為修正政策之參考。就我所知，英國已經朝這個方向在努力[71]。

如何營造正面的成長

既然遺族（好好）活下來是那麼地辛苦，有正面的發展是那麼地寶貴，我們要如何營造正面轉變的環境脈絡呢？首先，遺族要有戰勝痛苦的決心——接受親人自殺的痛苦，接受被遺棄的痛苦，接受羞恥罪惡的痛苦，接受來不及道別的痛苦，接受命運不可逆轉的痛苦，接受失能的痛苦，接受生命破碎的痛苦，接受憂鬱到想死的痛苦……。這個痛苦名單沒有盡頭，唯有要戰勝這些痛苦的決心，才能止住這無止境的名單。不是說這樣我們就不痛了，而是我們希望所受的苦沒有白受，開始尋找意義，開始尋求改變。唯有意義才能涵容所受的痛苦。

再來要對受苦和人性有深層理解，意思就是，了解到人生苦海，而自殺失落是人世間的一項苦難。人世間有許許多多大大小小的苦難，這就是人間的現象，死亡的方式有許多種，自殺只是人類離世的一個方式。也就是說，我們接受了親友自殺的事實，自殺死亡沒有什麼大不了，然後了解到人性深處正反的兩股力量——我們內心有許多黑暗，但也有很多能夠對治黑暗的能力。我們可以用一些方法來對治黑暗，比如與之對話，肯認它，讓它有健康的表達管道。透過表達性藝術手法，將它納入生命的版圖，接納它是我們的一部分。原則是我們要與黑暗為友，但不可與之共謀。最重要的，不要把自己逼入絕境，對於自殺情結要有所察覺，尤其是微小的想死意念。因為任何事情都是由心出發，由意念開始，認清這想死意念的背後是在告訴我們，生活中有問題了，我們需要幫助了，我們需要休息了，將重心轉回身心的照護，而不讓自殺意念帶著跑。

接著，遺族對於自己的能力、界限要有高度覺察，這需要遺族有某種程度的自我了解，知道自己內外在資源流動的狀況。尤其自殺可能把遺族的人格結構打得七零八落，或者人格解組，甚至失去外在的防衛能力。一個人若防衛過當，造成情感凍結，不易與人產生連結；若防衛能力過低，則可能讓傷害長驅直入，直搗個人的價值核心與認同，擴大災情，波及無辜（比如引發沒有必要的罪咎感）。尤其自殺引起的彼此究責，或者無關人士的風涼話，都會帶來極大的殺傷力。有時候遺族需要給自己許可，容許自己暫停，容許自己也許什麼都不做，只做療傷的工作，且在需要的時候說「不」，勇敢地面對傷害的人，告訴對方所造成的傷害。因為只有遺族才了解自己的極限，自己可以忍受的程度，與可忍受的臨界點。

雖說遺族對自己的界限要有所察覺，但往往是在超越個人界限和既有世界觀的遺族身上，看到逆境開啟的反應。遺族要能把個人的失落看做是全人類共同的失落經驗之一，了解個體在這個世界上與其他個體息息相關，進而願意超越個人的創傷經驗，將經驗貢獻分享出來——關切自殺在這個世界上發生，關切有許許多多的人成為遺族，因而投入靈性照護的領域。但不要誤會我的意思，我不是說遺族一定要站出來，去做什麼助人者的角色，而是當了解到身而為人的脆弱，與所處世間的幻象後，在生活環境當中，關切身邊需要幫助的人，也許只是一杯茶，一個微笑，一句鼓勵的話，就是活出逆境的展現。

當人際關係已不是由膚淺的交談所組成，而是真實的連結；交友不是錦上添花，而是雪中送炭，這樣的轉變我稱之為「個體的再靈性化」——也就是個人不再以世間物質的價值為價值，而是以靈性生命的價值為依歸。我在英國的一位受訪者提到，她孩子自殺的時候，一個遺族送給她一束花，卡片上寫著「我想你會想要來找我談談，請過來哦」。相比華人社會聽聞自殺，往往迴避唯恐不及，留下遺族孤單面對混亂的現場，度過無數無盡淚水的暗夜。能這樣張開臂膀擁抱相同失落的夥伴，安慰破碎的心靈，背後是對人性脆弱的肯認，人類無常命運的理解，而行出深層連結與支持的行動。

最後我要說說個人價值的政治化。就像關注特定議題社會團體的出現，背後常常有著親身痛苦的經驗推動著，遺族直接或間接投入跟自殺防治或助人相關的領域，是逆境開啟的極致表現。只是這不見得適合所有的遺族，因為代價慘烈。遺族是一群身心受創頗高的族群，為了活下來，我們都付出了極大的代價。畢竟許多人的生活都得繼續，工作得繼續，上學得繼續，關係得繼續。在華人的世界，匿名是最安全的方式，穩定的生活才能走得長久，我們不能強人所難。尤其在公開遺族身分之後，必定招惹來大眾偷窺的欲望，成為人們飯後閒暇的話匣子，無盡的閒言閒語，再怎麼畫清界線，還是會回到遺族身上。不過，那些參與身心照護的工作，提供遺族支持服務，或者投入防治自殺倡議相關工作的遺族，將傷痛的經驗轉化為知識，讓自身的失落有了更大的意義。藉由提高社會對自殺的認識與身心健康的察覺，希望所投入的努力能夠減少自殺的發生，都是個人價值觀的政治化展現。因著個人價值觀的政治化而推展相關的倡議與社運，才能從體制面修正對自殺者遺族照護的不足。

最後，也是最最重要的，是要不斷地照顧自己，對生命說「是」，對未來說「是」。在自殺失落的陰影下，那個曾經的熱情不知消失在何處；曾經對生命的頌歌荒腔走板，宛如生命的輓歌；我們曾有的「是」被消音無聲，生命成為無聲無息的存在。每個遺族在倖存的歷史中，遲早都會面臨一個道德的決定，就是決定要活下來，要再次對生命說「是」。這個歷程可能會走很久，因為我們不確定活著的意義，不明白活著的目的，我們可能在生與死之間來回擺盪。就算我們說了「是」，我們可能會不確定，那個yes並不完全是yes，而是maybe。Maybe我要活著，maybe我不要自殺。這樣的狀態是無法與自殺情結對峙的，很容易被陰影給遮蔽。只有當我們了解自殺情結的本質，知道他／她的把戲，不輕忽他／她的存在，決定為自己的生命說YES以後，我們才能拿出行動，設定生活的目標，重拾對生命的熱情，再度燃起對世界的興趣。唯有對生命宣稱一個大寫的YES，正面的轉變才能成為重建的基礎，進而積累成為生命的磐石。

心理重建的任務

除非涉入謀殺，大多數的自殺者遺族沒有做錯什麼，他們只是比較不幸，才成為世間的悲劇人物。他們，有可能就是你身邊的任何一個你我她／他。

經過四十年的臨床經驗，喬丹（John R Jordan）建議遺族進行長期性的心理治療，尋求「陪伴者」模式（companioning model）的臨床工作者，也就是以依附關係為基礎的悲傷治療，治療師可以作為過渡的依附對象（transitional attachment figure），陪伴遺族度過漫長的悲傷重建歷程。他總結遺族心理重建的任務有[72]：

- 創傷的涵容（containment），重建心理的安全感與控制感。

不管是否親眼目睹自殺現場，聽聞自殺事故的人就可能受傷，比如可怕的自殺手法或者想像死狀的淒慘，就足以造成創傷的反應。除了強烈的生理反應之外，遺族在內心產生深刻的無助感，感受到世界不再安全，因此創傷的復原非常重要。

- 修復破碎的既有世界觀，建構一個「堪忍」（bearable）的自殺故事——擁抱自殺的複雜性，而不只視之為個人的錯誤或失敗的結果。

每個人對世界都有一些沒有明說的信念，比如說世界是美好的，凡事有某種程度的可預測性，或者人在某種程度有控制世界的能力等等，這些習以為常的信念都被自殺給粉碎了。建構堪忍的故事指的是遺族消化這個失落，不再追問為什麼，在生命中重建一種連貫感（a sense of coherence），繼續自己的人生。

並且了解到自殺會發生，背後有許多複雜的因素，並不是單單一個人的錯誤或失敗所造成。對所發生的一切，有個真實與公平的解釋，對遺族的責任也要有一個慈悲、真實與公平的歸屬。這並不表示每個人都要同意彼此認同的來龍去脈，事實上也不可能，因為每個自殺事件都是一場羅生門，遺族只能找到一個對自己心理上解釋得過去的觀點，允許他們在死者已矣的世界上繼續活下去。同時也包括接受自殺之後常見的盲點——就是那個可以回答為什麼的人現在已經死了，無法為他們的自殺做出任何解釋。

- 建立自我調節痛苦的能力。

從初期完全被悲傷所掌控，到視情境能夠暫時將悲傷「區隔」開來（compartmentalize），等到情境許可再好好面對處理。比如能在雙軌模式的「失落」與「重建」之中互為交替，學習調節悲傷的能力。學習有彈性地觀照自身的悲傷歷程，從初期非自願的悲傷，不可控制的哭泣，被悲傷所控制，轉化到可以依照自己的狀態，視情境調節情緒，培養對悲傷歷程處理的能力。

- 建立社會管理的技巧，重建遺族與家庭、環境的社會連結，突破因污名或互相指責（scapegoating）導致的社會隔離。

在質與量上，自殺都改變了遺族的社會連結。人際關係的斷裂會發生在家人之間，還有與較大的社會網絡之間。假如夫妻不能同步接受悲傷或攜手共度，一方有強烈的需要談論自殺與死去的孩子，另一方可能產生防衛性的冬眠姿態（hibernation stance），因而在彼此之間產生一種應對的不同步（coping asynchrony）。

遺族也要學習回應那些立意良善，但不知怎麼對遺族說話的人，或是說些令人生氣難過的話，比如分析（他會自殺是因為……），批評（都是你的錯），與給建議（跟耶穌禱告，求神的赦免）。

為避免面對外界詢問的壓力，有些人選擇把自殺當作一個祕密鎖在心裡。一家人對於資訊處理的不同步，有人接受自殺，有人否認自殺，也造成彼此之間的壓力和衝突。比如一對夫妻在孩子舉槍自殺之後，彼此之間產生巨大的憤怒與敵意，因為當初先生不想清除他所擁有的槍枝，雖然勉強同意，但並沒有真的移除家裡的槍枝，後來孩子用其中一支槍射殺自己死亡。可以想像這對夫妻的關係會陷入什麼樣的慘狀。

- 修復與死者的關係，透過書寫或對話，與死者之間的未完成事件達到和解。

自殺之後，遺族感受到被自殺者拒絕、放棄，或甚至感到被背叛，自殺者似乎說著這份關係不值得被擁有或者沒有價值。在這樣狀況下，遺族需和死者達成和解，尤其是關係裡面的未完成事件。遺族要能夠放下自己未完成的事件，或者接受生死的疆界，讓未完成的遺憾留在宇宙之中，放手而去。採納繼續連結的理論，讓物質界的關係轉變為心靈和靈性上的關係，讓自殺者繼續活在遺族的心裡面。

- 建立一個死者「永存的生平」（a durable biography）——也就是死者曾經是誰、有什麼成就，還有遺留什麼在身後的生平述說。

與一群認識死者的人，一起回顧與訴說的歷程來進行，這在過去是常見與自然的方式，是一種「社會懷想」（social remembering）的儀式。在這樣的儀式中，一群人圍繞著死者，分享生者的悲傷，記憶死者，懷念死者，豐富哀悼者在個人生命中與死者互動的敘事情節。這樣的懷想儀式通常在葬禮的時候進行，也可以持續多年，甚至在後代家族中傳講死者的故事。

要在自殺死亡的脈絡運用這樣的述說可能不容易，但並非不可行。我們得把重心放在分享對亡者的記憶，他死前的種種，而非專注在死亡的方式。如果人們認為自殺是羞恥、不光榮的死亡形式，人們也要克服社會對談論自殺與自殺者的冷淡。不明說的反對會增加遺族的悲傷歷程，增加情感不適，與整合失落到生命敘事的困難。

- 重新投入生活，重建生活。

經歷了自殺失落，要找到理由活下去不是一件容易的事情。除了面臨情感痛苦和現實生活的問題之外，他們得與想和死者會合的想法拉扯。（我）「為什麼要活著？」是接續（你）「為什麼自殺」之後最大的課題。

從哀傷到希望

二〇二〇年，英國完成了一份截至目前為止對遺族最大型的研究，發表名為《從哀傷到希望：英國的自殺哀悼或受自殺影響的集體聲音》（*From Grief to Hope: The Collective Voice of those Bereaved or Affected by Suicide in the UK*）的報告。這份報告背後的主要舵手是瑪當娜爾博士（Dr. Sharon McDonnell），過去我在曼徹斯特大學主辦的自殺哀悼研討會中，聽到她分享弟弟自殺的失落，她現在是英國研究自殺者遺族的主要推手，也是活出困境的好案例。

這個研究採匿名的網路問卷，從二〇一七年九月至二〇一八年八月止，從九千七百四十四位受訪者當中，採集到七千一百五十八位有效的資料。首先，他們把自殺「哀悼」（bereaved）與受自殺「影響」（affected）作了區分，因自殺而經歷哀悼歷程指的是，因重要他者的自殺，造成嚴重的失落與喪親反應，而進入哀傷的心理歷程。受自殺影響指的是，雖然知道自殺者或自殺事件受到某種程度的衝擊，但個體的內在不覺得需要經歷哀傷或哀悼的歷程，比如鄰居、路人，或者遠房親戚。這樣的分野是整合澳洲研究者瑪波爾的區分，先前我已提過，瑪波爾提出了遺族生命的連續光譜，有暴露在自殺事件的，受影響的，短期哀悼的，和長期哀悼的遺族。這樣的質性畫分呈現出因與自殺者關係的不同，而有深淺長短不同的哀傷歷程。

這份報告指出八二%的受訪者認為，自殺對他們的生活有重大或者中等以上的衝擊（had a major or moderate impact）。他們經歷到一些嚴重的社會負面結果，包括關係的結束、失業與經濟的困難。五分之一的人提到身體健康惡化，三分之一提到身心的問題，其中女性常見精神狀況的問題。遺族也產生了高風險的行為，八%有自傷的行為，三八%有想過要自殺，八%有試圖自殺過。自傷行為在自殺發生後持續很長時間，許多自傷事件發生在自殺事件十二個月以上。而且遺族與死者的關係，跟一連串的負面生活事件有密切的關連。特別是經歷朋友自殺的遺族，極有可能經驗到多重的自殺失落，而且容易經驗到被剝奪的哀傷（disenfranchised grief），或說是隱藏的哀傷（hidden grief）。

就所需要的支持部分，六成以上的受訪者沒有使用過社福資源，三分之一的人不知道有什麼型態的資源可以利用。三分之二的人認為提供遺族的資源不足夠，但也有三分之一的受訪者指出有了家人和朋友的支持，並不覺得需要額外的幫助。許多受訪者提到自殺發生時需要外界立即的、主動（proactive）的支持，有些遺族並未準備好接受外界的協助，但希望有簡單易讀的資料，或者有可聯絡的窗口。受訪者也指出，初步與協助機構接觸之後，仍需要與自殺失落專業人員有持續的支持。在需要的時候能找到支持，對遺族的健康很重要，他們並表達希望能被持續追蹤，比如在每三個月、六個月、九個月、十二個月、十八個月的時候。

這份報告也對英國政府提出了對自殺者遺族照護施政上與執行上的建議。

我希望有一天，在臺灣
遺族能成為自殺防治中不可或缺的族群，而不是附屬的旁枝；
我希望有一天，在臺灣
遺族能成為自殺防治中的顧問群，銳去病態的標籤；
我希望有一天，在臺灣
遺族能見到國家級的研究報告出現，讓我們的痛苦經驗化為人間的知識。

參考資料

- Dr Sharon McDonnell，Centre for Mental Health and Safety, University of Manchester, http://research.bmh.manchester.ac.uk/cmhs/re
- McDonnell S, Hunt IM, Flynn S, Smith S, McGale B, Shaw J. From Grief to Hope: The Collective Voice of those Bereaved or Affected by Suicide in the UK. Manchester: University of Manchester. November 2020. https://suicidebereavementuk.com/the-national-suicide-bereavement-report-2020/（2020/11/26）
- Maple, M. Uncovering and Identifying the Missing Voices in Suicide Bereavement Research. Suicide Bereavement is Everyone's Business: Policy, Research and Practice, 2013 The University of Manchester（conference paper）.

第三部

整合的兩把金鑰匙

最後，我以幫助我整合、寫出這個歷程神話的兩把金鑰匙——榮格的積極想像與煉金術的隱喻，總結這段書寫。

積極想像

由「惡事現前」走到「最後一哩路」的旅程裡，我運用了榮格的積極想像手法，讓內在的幻想（fantasy）與意象（image）人格化（personification），也就是讓遺族與死者互相對話。積極想像是榮格發展的治療手法，臨床上必須由合格的分析師帶領。過程中個體必須有某種程度的分裂（split），讓部分人格進入幻想內容，另一部分觀察這個過程，整個過程就好像張開眼睛作夢一樣。

榮格區分兩種思考方式：「有目標的」與「幻想的」[73]。有目標的思考方式（directed thinking）是邏輯的、有目的的、往外的，可以被證明評估，也可以稱為現實的思考方式（reality thinking）。這個模式含有言說的要素，目的在溝通，用在生活上的創新與調適，常常很堅硬與費力，比如科學與科技就是。而幻想的思考方式（fantasy thinking）由潛意識所主導，遠離現實，讓內容自發地浮現，自由放縱，是主觀的，不具生產力；這是個體主觀、離開現實進入到過去或未來的幻想。榮格另外也提過「神話的思考」方式（mythic thinking）——是以神話來思想這個世界，將之轉化成如夢一般的真實。

積極想像是意識與潛意識溝通的方法[74]——透過一個意象或一連串的意象，和與之相關的聯想，來動員靈魂的方法。某方面來說，積極想像像夢一樣，它不是線性，也不是邏輯性的。過程中，個體對潛意識開放自己，任憑幻想的帶領，同時保有意識的觀點。也就是意識有意地專注在一些引人注目但難以理解的意象，或者專注自發而生的視覺意象，觀察其中的變化，讓潛意識的內容浮現，讓靈魂的訊息傳遞給意識，逐漸將之納入到意識之中。在歷程中不管心靈浮現什麼意象，就把注意力放在那個意象，通常意象會跟隨著注意力而改變，這些改變會反應出潛意識裡面靈魂的歷程。透過引發原型圖像的過程，產生豐富的原型意象與聯想，除了連結個人潛意識，也連結集體潛意識，進而釋放潛意識。

積極想像比幻想更為深層[75]。幻想是靈魂特殊活動最明晰的表達（the clearest expression of the specific activity of the psyche），它或多或少是個體自己的創發，停留在個人與意識期待的表層。但積極想像認為意象有其生命，在意識理性不干預的狀態下，意象根據它們的邏輯，建立起具有象徵意義的事件。為了深層地認識自己，我們直視潛意識的議題，讓它們化身為意象呈現出自身來。除了透過視覺化，也可透過自動書寫，或藝術技藝（如舞蹈、繪畫、音樂等等）來進行。過程中個體除了有目標的專注，還要讓理智分析暫時懸止，暫停懷疑（a suspension of disbelief）。

榮格對夢境與心理狀態的興趣，導致他一段進行密集的自我分析。他用象徵與神話來詮釋內在的歷程，以擴展（amplification）的方式去演繹分析內在的歷程。相對於佛洛伊德「自由聯想」化約的（concretistic-reductive）取向不同——自由聯想要被分析者將一切內在的感受／活動說出來，不分析、不觀察、不選擇，把詮釋的權力放在分析師手中。而積極想像是建構的（constructive）、整合的（synthetic），與擴展的。

積極想像除了指導個案跟隨意象的帶領，還要選擇對個案有意義的意象，藉由觀察對個體有意義的幻想內容來闡釋個體的想望。對於象徵或幻想的評估必須是象徵性的（symbolic），而非表面、限於符號或字義的（semiotic）的解釋。還有，如同意象裡面的人物，我們要參與在意象裡面，不能只是作個旁觀者。參與是為了整合潛意識的訊息，統整互補的內容，生發出完整的意義——一個讓生命值得活下去的意義。

希爾曼（James Hillman）認為積極想像是「療癒的藝術」[76]，並提醒眾人，積極想像不是靈修法門、藝術創造力，也不是為了世間的超越、神祕的交合，或是為了改善個體的狀況，更不是魔術的效果。積極想像最終目的是在認識自己（Know Thyself）。希爾曼認為，積極想像不是靈修的法門和瑜伽，因為沒有規定什麼是「好的」或「禁止的」幻想；我們與升起的意象工作，而不僅只於由師父或者儀軌所特別指定的意象（比如耶穌或者阿彌陀佛）。雖然個體對意象都應竭盡美感的實現，積極想像的美感作品，不能與展覽或出版的作品混為一談。

再來，積極想像的目的不在靜默而是言談，不是靜止而是說故事、劇場或者對話，因此話語（word）變得重要，話語成為連結的方法，是感覺的工具。積極想像是心理的活動，不是神祕的活動，不是為了達到特定的意識狀態（比如開悟）。也不只是個體為了治療症狀而已。最後積極想像也不是超個人的神通，要避免「透過」人類意志來與意象工作，或者「為了」人類意志所進行的意象工作（the attempt to work with images by and for the human will）。若利用藥物來引發意象，或者把這歷程當作儀式一樣來表演，或為了增加神通能力等等訴求，已經不是認識自己的技藝，而是增長自大的模式。

煉金術的意象

自殺失落之為主體經驗，一向是哀傷敘事的重點，沒有人能挑戰這個主體經驗的神聖性，也就是經驗的真理（truth）。自殺對於遺族是一種啟蒙，自殺失落開啟了這個世界的縫隙，讓遺族看到空氣中暗藏許多門戶，我們跟自殺者變成自己人（insider），整個世界成為外人。在這種截然兩分的族群認同，只有主體能決定何時要打破單一的真理，讓多元的聲音進來，或者擴展對多元的容忍空間。

這本書中的核心隱喻是煉金術——我把自己和孩子放入燒杯裡面，讓彼此震盪，讓過去與現在共處，讓傷痛與心靈整合的本能相遇。

以煉金術的過程來象徵靈魂轉化，大約有四個階段：首先是發黑（Nigredo）階段，類似進入憂鬱的歷程，這是一段死亡的開始，個體在靈魂的暗夜中，重整生命中的價值排序，正視自身的陰影，很多粗糙的層面都得死去，不適用的模式都得脫落。發白（Albedo）階段則由黑暗深處返身，走回生命的路途，需專注在意識與潛意識的溝通，導向本我（self）關係的建立，也就是與內在的深層連結，這個與內在本我的連結，是支持個體走在自己道路上的導師。發黃（Citrinitas）階段在於發掘與世界、他者，和親密伴侶的關係動力，在重新連結內在之後，往外與外界（重新）建立連結。此時的連結已經不是過往粗淺的、表層的、功能性的，而是本質的、主體的，與深層意識（與潛意識）的連結。發紅（Rubedo）階段則在新的內外在關係中，專注自性化（individuation）的歷程，在這個階段，任何的人事物都是內在火焰的能源，促使個體導向內在的修煉。每個來到面前的人都是有緣的生命，每個困難都是淬鍊靈魂的遭遇，個體清晰看見自身在宇宙存在的必要，將生命投注在此生當中，活出光與熱。

這四個階段看似線性，但在心靈上是同時存在與同步變化著；個體會走向修練的道路，往往是被迫進入黑暗，或者非自願地，跌入闇黑。

我的玫瑰園

歐洲煉金術一個重要的文本，寫於十六世紀的《哲人的玫瑰園》（*The Rosarium philosophorum: Rosary of the Philosophers*），是由二十張圖片所組成**77**。修練的機會就個體而言，是透過結合自己內在的對立面，在身與心、肉體與靈性之間的第三空間，完成神祕的整合（mysterium coniunctionis）。在榮格心理學裡，靈魂（soul，或者說是心靈）介於自我和自性（Self）之間，透過靈魂的工作，個體走向自性，也就是個體化的道路。

前三幅圖代表人的靈魂體三個面向，其中靈魂是肉體和精神（spirit）的結合元素。首先我們看到三道噴泉，各噴出陰性水、陽性水和生命水（靈魂的內在泉源），匯聚在池水裡面。這是未整合的心靈，下層心靈與上層心靈沒有連結。其中，陽性能量具象為太陽王，陰性能量具象為月亮皇后，他們的左手握在一起。左手握在一起，代表潛意識黑暗邪惡的結合。而代表意識的右手，拿著花卻遠離著彼此，代表內在陰陽的結合尚未開始。要到第三幅圖，我們看到他們右手握在一起，左手也互相連結，這表示整合的開始。

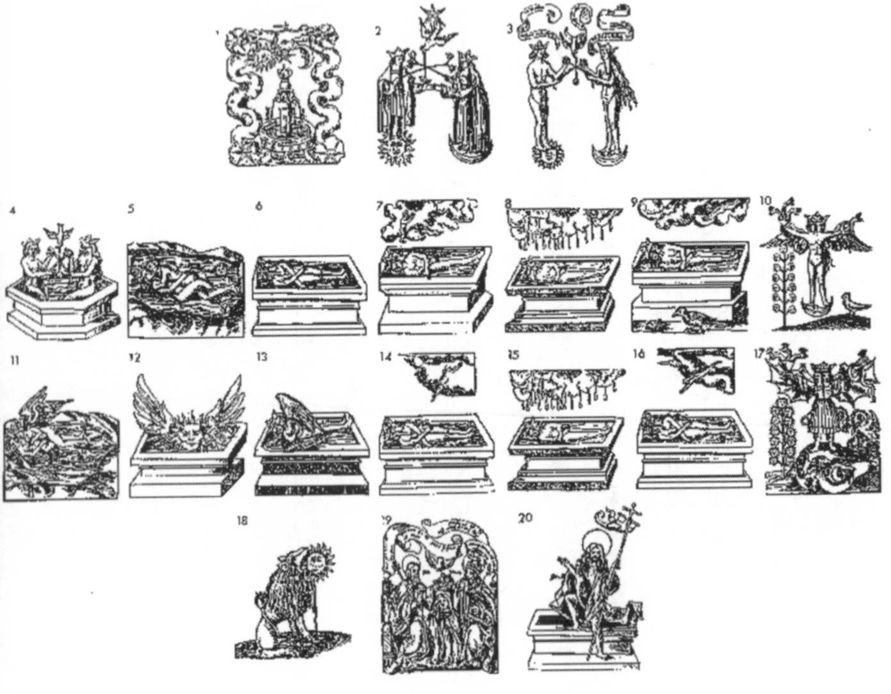

圖片出處：https://www.alchemywebsite.com/roscom.html

中間十四幅，代表兩階段的轉化（第四到第十幅，與第十一到第十七幅），各有七個順序：

1. 首先進入轉化的容器，也就是個體有意識地走向轉化之旅。
2. 王與后的結合，代表陰陽兩個原型勢力的結合，成為雌雄同體，就是個體擁抱自己的陽性與陰性能量。
3. 進入變黑階段，呈現為死亡狀態，也就是個體進入自身的陰影，此時也有可能被陰影給擄獲。
4. 心靈的一個元素被抽離（第一階段是陽性元素，第二階段是陰性元素）之後，進入上方的靈界，這是轉化的翻轉點。
5. 由上方降下精神本質的露珠，淨化沉死在池裡的陰性元素（第二階段則是淨化陽性元素），滋養活化原初的陽性與陰性能量。
6. 先前抽離元素從更高層次歸返回生命，興起新的、更為完整的意識。
7. 陰陽同體的復活，獲得「哲人石」的成果。

鍊金術師透過內在工作，在第一階段掌握陰性能量獲得白石，第二階段掌握陽性能量獲得紅石。到這個階段，兩個石頭仍須與內在生命力——心靈神祕內在的源頭結合，所以結尾最後三幅畫，代表個體必須準備犧牲意識層面的成就，放下自我，成就靈魂體深層的整合。

這個文本是站在男性的觀點，所以得先轉化陽性的能量，到第二階段，就轉換陰性的能量。就我個人作為一個女性的修復歷程，我得整合陰陽兩股能量，修復陰性能量讓我更能整合母性的創傷，強化陽性的能量幫助我開展生命，幫助我走向人生第二個旅程——自殺發生之後的重新開始。

煉金術可說是榮格心理學的大象徵[78]，深刻體會集體潛意識力量的榮格，認為自性之為原型，除了涵容人格中的諸多對立面，重要的是要補充（compensate）自我的不足。我們每個人都屬於一個大而不可見的整體，集體潛意識之於個體，就像大海之於浪花。潛意識首先都是以被投射的形式出現，透過投射與想像，個體可以將平淡的生活提升為哲學性（或靈性）的存在。走向內在，透過靈性的旅途，修練自身，重回原初的完滿，成就哲人石，這是一個神聖的工作。

榮格說情感轉移（transference）是分析方法的一切（the alpha and omega of analytical method），他並不是推崇神祕的未知，而是在煉金術裡面看到個體深層轉化的類比——師父在燒瓶前練功，希望將礦石調鍊成金銀只是表象，真實是——個體透過投射與轉化，走向個體化的路徑。而與個案面對面的分析師，需理解承接投射是什麼樣的險路，才能在分析關係中，幫助別人，彼此成就。

總結

沙姆達薩尼（Sonu Shamdasani）指出榮格當年跌落谷底，不只面臨個人的命運而已，而是為了發掘人性精粹的一面。在他與潛意識面對面那一段混亂的期間，榮格的內在對話不限於與過去的自己對話，而是與人類歷史的重量對話[79]。榮格透過自己，穿越自己，發現情感（緒）轉化為意象的超越功能，最後走出自己，造就了眾人跟隨的神話[80]。本書從察覺到自己的心與孩子共同埋葬之後，開始重新檢視這段失落的經驗與記憶。這種創傷性的記憶有種強迫性，深深刻印在我的腦海中。檢視這段記憶帶來不少痛苦，但煉金術師的凝視，讓這段回顧多了雙重的視野。我是經驗者，也是反思者，讓反思的濾鏡去檢視過去視為神聖的經驗。我以自己的方式跟隨榮格，讓象徵乘載內在情感，憑著直覺，所以第一部分的書寫是詩的，文中提及的理論或者文藝作品，也都是服務這個詩的精神。

第二部分則是論述的，理智的，充滿他人的研究。這部分支持我填滿我自創神話的內容，讓我言之有物，使得這一切不只是個人的哀哼絮語。雖然是從自身的經驗出發，但這不是自傳式的書寫，反而是一種創造，一種虛構，一種探詢。也就是說這是一場扮演，目的是為了書寫人類生命中的共通經驗——死亡、失落、悲傷、倖存，在破碎中繼續活著。這個文本終究是一種文學創作，不能與臨床的榮格心理分析一概而論。臨床分析上，個體除了與個體潛意識對話，也與集體潛意識對話，所以要小心操作，因為在歷程中有可能被潛意識淹沒，或者把人帶得太遠，遠離現實。而且應該是意象來找我們，而不是我們去找它們。

這段書寫中我常立足於發黑階段，望向發白階段，與死去的孩子對話，議論自殺與自殺者遺族。我們坦然彼此的情感，讓陰影現形；我們誠實面對生命的遺憾，讓失落分離成為生命肌理的一部分；我具象他的存在，讓他從潛意識裡浮現，與我的意識生活共同震盪。

帶著這個視野繼續往前走，因為我要自己的遺族生活有所不同。

榮格用煉金術作為心理治療的隱喻，個體以粗糙的意識與經驗為原始素材，把內在經驗投射到外在煉金的過程，明瞭自己的起心動念，內在模式，尤其是靈魂超越的本質，來煉出「哲人石」（philosopher's stone）。哲人石應該就是天人合一的境界吧！這本書離哲人石還很遠，但她把我推向另一個境界，讓我可以說出哀傷敘事，失落整合，創傷復原以外的世界。我希望可以打破社會對遺族扭曲的想像，撕去那個被誤解的標籤——自殺者遺族不再只是被禁聲的封閉族群，不再只能是匿名的孤單存在，不再只是創傷的倖存者，而是可以再次發言的主體，召喚互相陪伴的同路人，可以公開站在世界面前，行走生命的最後一哩路。

這一段積極想像的歷程中，我的兒子不只是兒子，而是一個參與我靈魂淨化的一個存在；我自己也不再只是遺族，而是面對生死的戰士；自殺失落不再只是創傷，而是推著我走向自性化的機緣。我稱不上是英雄／雌，我只是剛上路而已，但我準備好要獨自面對巨龍，同時我也知道整個宇宙都會支持我在這條路上走下去，諸神會是我個體化道路上的亮光。我必須就教於深層潛意識的智慧，超越個人意識層面，與世界的靈魂（Anima Mundi）連結，來面對新的旅程。

如同榮格強調的面對每個內心的幻想，個體要負責道德的決定[81]。榮格弟子法蘭茲（Marie-Louise von Franz）提到積極想像的四個步驟：把自我放空；讓潛意識幻想的意識升起；給予表達的形式；道德的對峙（ethical confrontation）。第四個步驟「道德的對峙」意指進行積極想像的人，最終要有個道德的選擇與決定，這個道德的決定必須是服務生命的本質。比如說，若我進入創傷核心，卻不想要復原或者有更好的生活，寫出來的內容就沒有深度，書寫也就沒有任何價值可言。我跟隨死者進入地獄，是為了重新回到人間；曾經死過，是為了要活過來；曾經破碎，是為了再次整全。繼續活著是一個道德決定，所以這個文本也是一個遺族由死入生的歷程——生者如何在死者的同在之下繼續往前走，這個死者已經不是當年我失去的兒子，而是存在我心中的（正向）客體。

對於自身經驗的書寫，我選擇具象、建構、連貫，一反後現代的解構、游移策略，因為這個世間對於自殺者遺族的理解還停留在「前現代」。前現代的意思是，遺族尚未建立起自身的主體性，因為被破碎以後，遺族失去說話的能力，重新形塑這個主體性超過個人所能為的，必須是由世代的遺族來開創。本書朝向「深度描述」（Clifford Geertz）來努力，因為這個故事只有自己可以寫，在這個文本裡，活不下去的我 vs 勉力活下來的我，經驗者的我 vs 研究者的我，主觀經驗 vs 客觀理論，受傷者 vs 賦權者，鋪就層層的互文性。每次的問話，都是為了把經驗帶入更深之處；我冒險把自身的經驗說出來，近似維克思（Margaret H. Vickers）所說的，「沒有後路的邊緣書寫」（writing on the edge — and without a safety net）。

也可以說，這是一個從被情感淹沒、生存被威脅、非生即死的爬蟲類腦狀態，到面對邊緣系統的妖魔亂舞——時而情緒，時而理智，時而失敗再度被淹沒，時而成功地攻占失落的疆土，最終到能夠冷靜協商、生死對話的皮質腦的歷程[82]。且聽：

> 觀自在菩薩，行深般若波羅蜜多時，照見五蘊皆空，度一切苦厄。舍利子，色不異空，空不異色；色即是空，空即是色。受、想、行、識，亦復如是。舍利子，是諸法空相，不生不滅，不垢不淨，不增不減，是故空中無色，

無受、想、行、識；無眼、耳、鼻、舌、身、意；無色、聲、香、味、觸、法；無眼界，乃至無意識界；無無明，亦無無明盡；乃至無老死，亦無老死盡。無苦、集、滅、道，無智亦無得，以無所得故。菩提薩埵，依般若波羅蜜多故，心無罣礙。無罣礙故，無有恐怖，遠離顛倒夢想，究竟涅槃。三世諸佛，依般若波羅蜜多故，得阿耨多羅三藐三菩提。故知般若波羅蜜多，是大神咒，是大明咒，是無上咒，是無等等咒，能除一切苦，真實不虛。故說般若波羅蜜多咒，即說咒曰：「揭諦、揭諦，波羅揭諦，波羅僧揭諦，菩提薩婆訶。」

——玄奘法師譯，《般若波羅蜜多心經》

註釋

1 代達羅斯（Daedalus）是希臘建築師兼發明家，克里特島的國王米諾斯（King Minos of Crete）請他建造一座巧妙複雜的迷宮，用來關住米諾斯那個牛頭人身的兒子米諾陶洛斯（Minotaur）。後來因為代達羅斯給了愛瑞雅妮（Ariadne）線球，而讓貢品之一的特修斯（Theseus）殺死牛頭怪並成功逃跑，國王非常憤怒，將代達羅斯和他的兒子伊卡洛斯（Ikarus）一同關進迷宮裡高高的塔樓，以防犯他們逃脫。

為了逃出塔樓，代達羅斯設計了飛行翼。但飛行翼以蠟與鳥羽製成，不能耐高熱，起飛前代達羅斯警告兒子不要飛得太低也不要飛得太高，以免海水的潮濕堵塞他的翅膀，或者太陽的熱能將它們融化。年輕的伊卡洛斯因初次飛行，過於興奮與開心，忘記父親的警告，越飛越高，結果太接近太陽導致蠟翼融化，從天上掉下來，掉進海裡溺死了。

父親代達羅斯親眼看見孩子落水而死，悲傷地飛回家鄉，並將自己身上的那對蠟翼懸掛在奧林帕斯山的阿波羅神殿裡，從此不想再飛翔。

2 當時我孩子玩的一種電遊軟體與其中主要人物的名字。

3 這裡是隱喻個體的保護因子與自殺的危險因子的消長。青少年自殺的警訊可用FACT來判斷：感覺（Feelings）：比如感覺無望、無價值感。行動或事件（Action or Events）：比如談論死亡，或者把心愛的物品送人。改變（Change）：出現人格、行為、睡眠、飲食或生活習慣。威脅（Threats）：言語上或者自傷行為等等。可參考臺灣自殺防治學會「特特殊族群之自殺防治策略」。https://www.tsos.org.tw/web/page/strategy3

4 愛可是掌管山獄和洞穴的仙女，伶牙俐齒深得智慧女神雅典娜（Athena）的寵信，兩人經常一同出遊和打獵。不過她有個不好的毛病，就是愛七嘴八舌，有時甚至還會挑弄是非。《變形記》中記載，有一天，天后赫拉（Hera）發現自己的丈夫宙斯（Zeus）不見了，到處找也找不到，她懷疑丈夫在和水澤神女廝混，便去水澤神女那裡找他。路途中愛可便用閒話家常絆住赫拉，讓正在和宙斯幽會的水澤女神趁機逃脫。真相大白後，赫拉便對愛可作出殘酷的處罰——剝奪她說話的能力，讓她永遠不能表達自己的本意，直到她遇到心愛的人出現，她才能應聲。

後來，愛可遇見風度翩翩的英俊少年納西瑟斯（Narcissus），便傾心於他，但愛可卻無法表達對他的愛意，只能重複他所說的最後的音節或字句。納西瑟斯無法理解愛可，憤怒地離開。從此，愛可就在野地徘徊，極度傷心之下，化成了山岩。

5《模仿遊戲》（*The Imitation Game*）是一部二〇一四年英美合拍的歷史劇情片。描述二戰期間，英國劍橋大學的教授艾倫．圖靈（Alan Turing）被祕密任命，與一群專家組成解密團隊，試圖幫助盟軍破解由納粹德國獨創，號稱世上最精密的情報機器——「Enigma」密碼機。圖靈獨具才能，被邱吉爾重用，雖然脾氣古怪，過程遭遇重重挫折，但他廢寢忘食、全心投入，與團隊合力研發出破譯地方機密的裝置，終於建成解密機，而崩解納粹的野心。然而戰後多年，圖靈卻被揭發有同性戀傾向，而被英國政府入罪，他接受荷爾蒙療法，持續一年後自殺身亡，享年四十一歲。

6 Applied Suicide Intervention Skills Training (ASIST)是一套自殺防治的人本訓練課程，幫助人協助生命的模式（The Pathway for Assisting Life），也就是幫助想自殺的人了解自殺不是唯一的選擇，進而找到活下來的目標。模式分為三部分：了解想自殺的理由（Connecting with Suicide）、探索其他選擇（Understanding Choices）、協助建立安全計畫（Assisting Life）。可參考http://qpconline.co.uk/assessment-therapy/self-harm/applied-suicide-intervention-skills-training-asist/。

7 卡夫卡（Franz Kafka）戲劇作品《變形記》（*Die Verwandlung*），描寫一個平凡人發現自己變成一隻蟲的遭遇。

8 尤涅斯柯（Eugene Ionesco）《犀牛》（*Rhinocéros*），寫於一九五九年，是荒誕派戲劇的知名作品。描寫犀牛出現後造成的失序，後來越來越多人變成了犀牛，最後幾乎全部居民也都變成了犀牛。

9 這樣的感受是受榮格的影響，JUNG, C. G. 1952. Answer to Job. *CW 11*. 553-758.

10 俄國契科夫（Anton Chekhov）的劇本《三姊妹》（*Three Sisters*），是一個描述一個上層社會的家庭走向衰壞、破敗的劇本。故事是這樣的：在一個俄羅斯外省的小城鎮，住着三個姊妹，她們聰明、美麗、善良，而且都有一番抱負。但是在現實生活中，她們的才能沒有施展的空間，因為無法實現理想，在不同程度上都感受到了生活的貧乏、艱辛與無味。她們對未來抱有許多美麗的憧憬，幻想着重新回到莫斯科去，開始新的、更加美好的生活。然而面對生活中的衝突與考驗，想要的生活沒有實現的可能，她們一再唸叨的「去莫斯科」，成為永遠無法實現的咒語。

11 米諾陶洛斯是克里特國王米諾斯之妻帕西淮（Pasiphaë）與克里特公牛發生異常性關係而生出來的怪物。

因為國王與其兄弟爭奪王位的時候，請求海神波塞頓（Poseidon）賜給他一頭純白色的公牛，以證明自己的王位是神的旨意，他也向海神許諾，將來會宰獻這頭白公牛給祂，以示崇敬。海神就從海上送給他一頭牛，即克里特公牛。可是，米諾斯沒有依約還願，反而獻祭了另外一頭牛，因而激怒了海神。海神為了報復，就使他的妻子愛上了克里特公牛，並與之交配，不久便生下了米諾陶洛斯，後人稱之為牛頭怪。

雅典人因為敗給米洛斯，每年向克里特進貢七對童男童女，以供牛頭怪食用。有一天，希臘神話著名的英雄特修斯（Theseus）自願作為童男之一前去克里特，以除掉這個怪物。

當特修斯來到克里特後，米諾斯的女兒愛瑞雅妮愛上了他。為了使愛人免於一死，她給他一個線團，指點他在迷宮裡不會迷路的方法。靠著這個線團，特修斯一路標記走過的路，成功地在迷宮中找到了牛頭怪並將其殺死，然後靠著記號從原路逃出來。雅典人從此擺脫了這個恐怖的進貢任務。

12 《勇氣媽媽與她的子女們》（*Mother Courage and Her Children*）是德國戲劇家布雷希特（Bertolt

Brecht）於一九三九年創作的一部戲劇，描寫一個女人在戰爭中為了謀生，勇敢冒險、不計後果的悲劇。

場景是在十七世紀的歐洲，在一場長達三十年的宗教戰爭中，勇氣媽媽帶著一個啞巴女兒和兩個老實的兒子，隨著軍隊謀生，她拉著貨車隨軍叫賣，靠著小買賣養活一家人。他們拖著篷車，走過一個又一個國家。一路上勇氣媽媽賺了戰爭的錢，卻賠上了孩子的命。在布雷希特筆下，孩子們的死不只是戰爭造成的，勇氣媽媽的處世態度也是造成他們死亡的重要原因。這個把生活希望完全寄託於戰爭的女人，最終落得家破人亡。這個劇本以詼諧的對白及歌隊合唱，描繪小人物在戰爭中求生存的故事，充分展現出史詩劇場獨特的風格與魅力。

13 SHNEIDMAN, E. S. 1972. Foreword. In CAIN, A. C. (ed.) *Survivors of Suicide*. Illinois: Charles C Thomas Publisher. P. x.

14 MAPLE, M. Uncovering and Identifying the Missing Voices in Suicide Bereavement Research. Suicide Bereavement is Everyone's Business: Policy, Research and Practice, 2013 The University of Manchester (Conference paper).

15 CEREL J, BROWN MM, MAPLE M, ET AL: How Many People Are Exposed to Suicide? Not Six. *Suicide Life Threat Behav* 2019;49(2):529-534.

16 MIERS, D., ABBOTT, D. & SPRINGER, P. R. 2012. A Phenomenological Study of Family Needs Following the Suicide of a Teenager. Death Studies, 36, 118-133.

17 Resilience在國內多被翻譯為「復原力」，在此使用「韌性」是覺得「韌性」較為人性化，畢竟人間有些創傷不一定要「復原」才有「韌性」的可能。

18 HAUSER, M. J. 1987. Special Aspects of Grief After a Suicide. In: DUNNE, E. J., MCINTOSH, J. L. & DUNNE-MAXIM, K. (eds.) Suicide and Its Aftermath: Understanding and Counseling the Survivors. London: W. W. Norton & Company.

19 PARKES, C. M. 1996. *Bereavement: Studies of Grief in Adult Life*, London, Routledge.

20 WORDEN, J. W. 2002. *Grief Counseling and Grief Therapy — A Handbook for the Mental Health Practitioner*, New York, Springer. Worden在第五版中，將任務四從「為逝者找到一個處所，使哀悼者能去紀念逝者，但是要用一種不會阻礙他繼續生活的方式」，修改為「生者開始餘生之旅，同時找到一個記憶逝者的方式」。見《悲傷輔導與悲傷治療：心理衛生實務工作者手冊》（第五版），2020，新北市：心理出版，p.59.]

21 STROEBE, M. & SCHUT, H. 1999. The Dual Process Model of Coping with Bereavement: Rationale and Description. *Death Studies*, 23, 197-224.

22 RUBIN, S. S. 1996. The Wounded Family: Bereavement Parents and the Impact of Adult Child Loss. In: KLASS, D., SILVERMAN, P. R. & NICKMAN, S. L. (eds.) *Continuing Bonds: New Understandings of Grief*. London: Routledge Taylor & Francis Group.

23 NEIMEYER R. A., & CACCIATORE J., (2019) Toward a Developmental Theory of Grief. In R. A. Neimeyer (Ed.)。重新凝視失落：哀傷治療技術的衡鑑與介入（翁士恆譯）。張老師文化。（原著出版於2015）. 28-45.

24 KLASS, D., SILVERMAN, P. R. & NICKMAN, S. L. (eds.) 1996. *Continuing Bonds: New Understandings of Grief*. London: Routledge Taylor & Francis Group.

25 SILVERMAN, P. R. & KLASS, D. 1996. Introduction: What's the Problem? In: KLASS, D., SILVERMAN, P. R. & NICKMAN, S. L. (eds.) *Continuing Bonds: New Understandings of Grief*. London: Routledge Taylor & Francis Group.

26 STROEBE, M., GERGEN, M., GERGEN, K. & STROEBE, W. 1996. Broken Hearts or Broken Bonds. In: KLASS, D., SILVERMAN, P. R. & NICKMAN, S. L. (eds.) *Continuing Bonds: New Understandings of Grief*. London: Routledge Taylor & Francis Group.

27 PAPADOPOULOS, R. K. 2007. Refugees, Trauma and Adversity-Activated Development. *European Journal of Psychotherapy, Counselling and Health*, 9, 301-312.

28 WERTHEIMER, A. 1991. A Special Scar : *The Experiences of People Bereaved by Suicide*, London, Routledge.

29 WILLIAMS, J. M. G. 1997. *Cry of Pain : Understanding Suicide and Self-harm*, London, Penguin Books.

30 BOLTON, I. 2005. My Son...*My Son: A Guide to Healing After a Suicide in the Family Roswell*, Bolton Press Atlanta.

31 WORDEN, J. W. 2002. *Grief Counseling and Grief Therapy-A Handbook for the Mental Health Practitioner*, New York, Springer.

32 引自 JACOBS, D. & KLEIN, M. E. 1993. The Expanding Role of Psychological Autopsies. In: LEENAARS, A. (ed.) *Suicidology: Essays in Honor of Edwin S. Shneidman*. London: Jason Aronson Inc.

33 PITMAN, A. L., OSBORN, D. P., RANTELL, K., & KING, M. B. 2016. The Stigma Perceived by People

Bereaved by Suicide and Other Sudden Deaths: A Cross-sectional UK Study of 3432 Bereaved Adults. *Journal of psychosomatic research*, 87, 22-29.

34 PETERS, K., CUNNINGHAM, C., MURPHY, G., & JACKSON, D. 2016. 'People look down on you when you tell them how he died': Qualitative Insights into Stigma as Experienced by Suicide Survivors. *International Journal of Mental Health Nursing*, 25(3), 251-257.

35 CAIN, A. C. 1972. Introduction. In: CAIN, A. C. (ed.) *Survivors of Suicide*. Illinois: Charles C Thomas Publisher.

36 FARBEROW, N. L. 1993. Bereavement after Suicide. In: LEENAARS, A., A. (ed.) *Suicidology: Essays in Honor of Edwin S. Shneidman*. London: Jason Aronson Inc.

37 RANDO, T. A. 1991. *How to Go On Living When Someone You Love Dies*, London, Bantam Books.

38 引自 WARREN, M. 1972. Some Psychological Sequelae of Parental Suicide in Surviving Children. In: CAIN, A. C. (ed.) *Survivors of Suicide*. Illinois: Charles C Thomas Publisher.

39 DORPAT, T. L. 1972. Psychological Effects of Parental Suicide on Surviving Children. In: CAIN, A. C. (ed.) *Survivors of Suicide*. Illinois: Charles C Thomas Publisher.

40 CLARK, S. E. & GOLDNEY, R. D. 2000. The Impact of Suicide on Relatives and Friends. In: HAWTON, K. & VAN HEERINGEN, K. (eds.) *The International Handbook of Suicide and Attempted Suicide*. Chichester: John Wiley & Sons, Ltd.

41 SCHULTZ, C. L. & HARRIS, D. L. 2011. Giving Voice to Nonfinite Loss and Grief in Bereavement. In: NEIMEYER, R. A., HARRIS, D. L., WINOKUER, H. R. & THORNTON, G. F. (eds.) *Grief and*

Bereavement in Contemporary Society: Bridging Research and Practice. London: Routledge.

42 引自 BOLTON, I. M. 1987. Our Son Mitch. In: DUNNE, E. J., MCINTOSH, J. L. & DUNNE-MAXIM, K. (eds.) *Suicide and Its Aftermath: Understanding and Counseling the Survivors*. London: W. W. Norton & Company.

43 ALEXANDER, V. 1987. Living Through My Mother's Suicide. In: DUNNE, E. J., MCINTOSH, J. L. & DUNNE-MAXIM, K. (eds.) *Suicide and Its Aftermath: Understanding and Counseling the Survivors*. London: W. W. Norton & Company.

44 McGee，引自 WORDEN 2002。

45 引自 WERTHEIMER 1991。

46 MITCHELL, A. M., KIM, Y., PRIGERSON, H. G. & MORTIMER-STEPHENS, M. 2004. Complicated Grief in Survivors of Suicide. *Crisis: The Journal of Crisis Intervention and Suicide Prevention*, 25, 12-18.

47 DYREGROV, K., NORDANGER, D. & DYREGROV, A. 2003. Predictors of Psychosocial Distress after Suicide, SIDS and Accidents. *Death Studies*, 27, 143-165.

48 SAARINENA, P. I., HINTIKKAA, J., LEHTONENA, J., JOUKO K. L NNQVISTB, J. K. & VIINAM KIB, H. 2002. Mental Health and Social Isolation Among Survivors Ten Years After a Suicide in the Family: A Case-Control Study. *Archives of Suicide Research*, 6, 221-226.

49 RUDESTAM, K. E. 1987. Public Perceptions of Suicide Survivors. In: DUNNE, E. J., MCINTOSH, J. L. & DUNNE-MAXIM, K. (eds.) *Suicide and its Aftermath: Understanding and Counseling the*

Survivors. London: W.W. Norton & Company.

50 LUKAS, C. & SEIDEN, H. M. 2007. *Silent Grief: Living in the Wake of Suicide*. Rev., London, Jessica Kingsley Publishers.

51 Range & Calhoun，引自JOINER, T. E. 2005. *Why People Die by Suicide, Cambridge*, Mass., Harvard University Press.

52 RUDESTAM, K. E. 1987. Public Perceptions of Suicide Survivors. In: DUNNE, E. J., MCINTOSH, J. L. & DUNNE-MAXIM, K. (eds.) *Suicide and its Aftermath: Understanding and Counseling the Survivors*. London: W.W. Norton & Company.

53 LESTER, D. 2004. Denial in Suicide Survivors. *Crisis: The Journal of Crisis Intervention and Suicide Prevention*, 25, 78-79.

54 DE LEO, D. & HELLER, T. 2008. Social Modeling in the Transmission of Suicidality. *Crisis: The Journal of Crisis Intervention and Suicide Prevention*, 29, 11-19.

55 KAPRIO, J., KOSKENVUO, M. & RITA, H. 1987. Mortality after Bereavement - a Prospective-Study of 95,647 Widowed Persons. *American Journal of Public Health*, 77, 283-287.

56 FARBEROW, N. L. 1994. The Los Angeles Survivors' After-Suicide Program. In: SHNEIDMAN, E. S., FARBEROW, N. L. & LITMAN, R. E. (eds.) *The Psychology of Suicide: A Clinician's Guide to Evaluation and Treatment*. Rev. ed. London: Jason Aronson Inc.

57 CROSBY, A. E. & SACKS, J. J. 2002. Exposure to Suicide: Incidence and Association with Suicidal Ideation and Behavior: United States, 1994. *Suicide & Life-Threatening Behavior*, 32, 321-328.

58 PRIGERSON, H. G., BRIDGE, J., MACIEJEWSKI, P. K., BEERY, L. C., ROSENHECK, R. A., JACOBS, S. C., BIERHALS, A. J., KUPFER, D. J. & BRENT, D. A. 1999. Influence of Traumatic Grief on Suicidal Ideation among Young Adults. *American Journal of Psychiatry*, 156, 1994-1995.

59 NEIMEYER, R. A. & SANDS, D. C. 2011. Meaning Reconstruction in Bereavement: From Principles to Practice. In: NEIMEYER, R. A., HARRIS, D. L., WINOKUER, H. R. & THORNTON, G. F. (eds.) *Grief and Bereavement in Contemporary Society: Bridging Research and Practice*. London: Routledge.

60 FARBEROW, N. L. 1993. Bereavement after Suicide. In: LEENAARS, A., A. (ed.) *Suicidology: Essays in Honor of Edwin S. Shneidman*. London: Jason Aronson Inc.

61 BEGLEY, M. & QUAYLE, E. 2007. The Lived Experience of Adults Bereaved by Suicide: A Phenomenological Study. *Crisis: The Journal of Crisis Intervention and Suicide Prevention*, 28, 26-34.

62 CURRIER, J. M., HOLLAND, J. M. & NEIMEYER, R. A. 2006. Sense-making, Grief, and the Experience of Violent Loss: Toward a Mediational Model. *Death Studies*, 30, 403-428.

63 LESTER, D. 2004. Denial in Suicide Survivors. Crisis: The Journal of *Crisis Intervention and Suicide Prevention*, 25, 78-79.

64 RILEY, L. P., LAMONTAGNE, L. L., HEPWORTH, J. T. & MURPHY, B. A. 2007. Parental Grief Responses and Personal Growth Following the Death of a Child. *Death Studies*, 31, 277-299.

65 FEIGELMAN, W., JORDAN, J. R. & GORMAN, B. S. 2009. Personal Growth after a Suicide Loss: Cross-sectional Findings Suggest Growth after Loss may be Associated with Better Mental Health among Survivors. *Omega: Journal of Death & Dying*, 59, 181-202.

66 SMITH, A. 2011. An Interpretative Phenomenological Analysis of Posttraumatic Growth in Adults Bereaved by Suicide. *Journal of Loss & Trauma*, 16, 413-430.

67 GRAD, O. T., CLARK, S., DYREGROV, K. & ANDRIESSEN, K. 2004. What Helps and What Hinders the Process of Surviving the Suicide of Somebody Close? *Crisis: The Journal of Crisis Intervention and Suicide Prevention*, 25, 134-139.

68 HOGAN, N. S. & SCHMIDT, L. A. 2002. Testing the Grief to Personal Growth Model Using Structural Equation Modeling. *Death Studies*, 26, 615-634.

69 SMITH, A. 2011. An Interpretative Phenomenological Analysis of Posttraumatic Growth in Adults Bereaved by Suicide. *Journal of Loss & Trauma*, 16, 413-430.

70 MYERS, M. F. & FINE, C. 2007. Touched by Suicide: Bridging the Perspectives of Survivors and Clinicians. *Suicide & Life-Threatening Behavior*, 37, 119-126.

71 參考https://nspa.org.uk/home/lived-experience-network/become-an-influencer/?cn-reloaded=1。

72 JORDAN, J. R. 2020 Lessons Learned: Forty Years of Clinical Work with Suicide Loss Survivors. *Frontiers in Psychology*, Vol. 11, April, Article 766.

73 JUNG, C.G. 1911-12. Two Kinds of Thinking. In *The Collected Works of C.G.* Jung. Vol.5, ed. By Herbert Read et al., translated by R.F.C. Hull. Princeton, NJ: Princeton University Press pars. 11-28.

74 JUNG, C.G. 1916/1957. The Transcendent Function. In *The Collected Works of C.G.* Jung. Vol.8, ed. By Herbert Read et al., translated by R.F.C. Hull. Princeton, NJ: Princeton University Press, pars. 131-193.

75 SCHAVERIEN, J. 2005. Art, Dreams and Active Imagination: A Post-Jungian Approach to Transference

and the Image. *Journal of Analytical Psychology*, 50, 127-153.

76 HILLMAN, J. 1983. The Pandaemonium of Images: Jung's Contribution to "Know Thyself". In: *Healing Fiction*. Woodstock, CT: Spring Publications.

77 參考https://www.alchemywebsite.com/roscom.html

78 JUNG, C. G. 1946. The Psychology of the Transference. *CW 16*. 353-539.

79 HILLMAN, J. & SHAMDASANI, S. 2013. *Lament of the Dead: Psychology after Jung's Red Book*. W. W. Norton & Company。引自https://en.wikipedia.org/wiki/Active_imagination。

80 JUNG C.G. 1961. *Memories, Dreams, Reflections* (ed). Jaff, A. New York, Random House.

81 瑪麗—路薏絲・馮・法蘭茲（Marie-Louise von Franz）著。(2011)。《榮格心理治療》（易之新譯）。心靈工坊。

82 要了解創傷與復原，可參考Bessel van der Kolk的*The Body Keeps the Score* (2014)與伯格斯（Steven Porge）的多元迷走神經的理論（polyvagal theory）。

i 健 康 0 6 8

無臉雌雄——一個自殺者遺族的積極想像

國家圖書館出版品預行編目 (CIP) 資料

無臉雌雄：一個自殺者遺族的積極想像 / 杜秀娟著 . -- 初版 . -- 臺北市：健行文化出版事業有限公司出版：九歌出版社有限公司發行, 2024.04

面； 公分 . -- (i 健康 ; 68)

ISBN 978-626-7207-59-8(平裝)

1.CST: 自殺 2.CST: 心理輔導 3.CST: 心理治療法

178.8　　113002195

作　　者——杜秀娟
責任編輯——曾敏英
發 行 人——蔡澤蘋
出　　版——健行文化出版事業有限公司
台北市 105 八德路 3 段 12 巷 57 弄 40 號
電話／ 02-25776564・傳真／ 02-25789205
郵政劃撥／ 0112263-4

九歌文學網　www.chiuko.com.tw

印　　刷——晨捷印製有限公司
法律顧問——龍躍天律師 ・ 蕭雄淋律師 ・ 董安丹律師
初　　版——2024 年 4 月
定　　價——420 元
書　　號——0208068
I S B N——978-626-7207-59-8
9786267207604 (PDF)
9786267207611 (EPUB)